Wirtschaft und Bildung

Zukunftsfähig im demografischen Wandel

Herausforderungen für die Pflegewirtschaft

Älter werden in der Pflege

BGW Berufsgenossenschaft für Gesundheitsdienst und Wohlfahrtspflege

Robert Bosch Stiftung

wbv

Forschungsinstitut Betriebliche Bildung (f-bb) gGmbH

Bibliografische Informationen der Deutschen Nationalbibliothek:
Die Deutsche Nationalbibliothek verzeichnet diese Publikation in der Deutschen Nationalbibliografie; detaillierte bibliografische Daten sind im Internet über http://dnb.ddb.de abrufbar.

Aus Gründen der leichteren Lesbarkeit des Textes wird im Folgenden auf die Nennung beider Personensubstantive und -pronomina verzichtet. Selbstverständlich sind stets beide Geschlechter gemeint.

• Band 59	Zukunftsfähig im demografischen Wandel – Herausforderungen für die Pflegewirtschaft
• Herausgeber	Herbert Loebe, Eckart Severing
• Redaktion	Thomas Freiling
• Verlag	© W. Bertelsmann Verlag GmbH & Co. KG, Bielefeld
• Gesamtherstellung	W. Bertelsmann Verlag GmbH & Co. KG Postfach 10 06 33, 33506 Bielefeld Telefon: 0521 91101-11, Telefax: 0521 9101-19 E-Mail: service@wbv.de, Internet: wbv.de
Förderhinweis:	Das dieser Publikation zugrunde liegende Vorhaben „Älter werden in der Pflege – Entwicklung und Erprobung betrieblicher Strategien“ wurde mit Mitteln der Robert Bosch Stiftung gefördert. Das Projekt wurde vom Forschungsinstitut Betriebliche Bildung (f-bb) zusammen mit der Berufsgenossenschaft für Gesundheitsdienst und Wohlfahrtspflege (BGW) von 2008 bis 2010 durchgeführt. Die Verantwortung für den Inhalt dieser Veröffentlichung liegt bei den Autoren.

Printed in Germany

ISBN 978-3-7639-4280-0
Bestell-Nr. 6004053

Inhalt

Vorwort

Robert Bosch Stiftung

Zukunftsfähig im demografischen Wandel – Herausforderungen für die Pflegewirtschaft

Der demografische Wandel hat zur Folge, dass die zu verrichtenden Arbeitstätigkeiten mit zunehmend älteren Belegschaften erzielt werden müssen. Der Aufrechterhaltung ihrer Gesundheit, Leistungsfähigkeit und -bereitschaft kommt daher hohe Bedeutung zu.

Dies gilt insbesondere für Betriebe der Gesundheitspflege und für die mit ca. 1,2 Millionen Pflegefachkräften größte Berufsgruppe in Altenpflegeheimen, Krankenhäusern und ambulanten Diensten. Hier begegnen immer älter werdende Pflegekräfte einer weiter steigenden Zahl chronisch Kranker und schwerst pflegebedürftiger Menschen. Das bedeutet, dass sie hohen berufsspezifischen Belastungen bis zum Eintritt in die Rente ausgesetzt sind. Diese Zusammenhänge und daraus zu ziehende Konsequenzen sind Personalverantwortlichen zum Teil noch zu wenig bewusst. Maßnahmen zum geeigneten Umgang mit alternden Belegschaften in der Pflege werden kaum umgesetzt. Auch finden die teilweise heterogenen Voraussetzungen in der ambulanten Pflege und der stationären Altenpflege, gekennzeichnet durch unterschiedliche Qualifikationsniveaus und kulturelle Hintergründe der Mitarbeiter, bei gesundheitsfördernden Maßnahmen und Konzepten des lebenslangen Lernens wenig Berücksichtigung. In der Krankenhauspflege ist der demografische Wandel selten im Blick von Personalverantwortlichen. Hier stehen ökonomische Fragen, Sparzwänge wie z. B. beim Personal oder/und die Umgestaltung der Arbeitsorganisation im Vordergrund, die ohne Bezug auf die zu erwartenden demografischen Veränderungen geplant und umgesetzt werden.

Der vorliegende Band stellt Ergebnisse des vor diesem Hintergrund von der Robert Bosch Stiftung geförderten Projekts „Älter werden in der Pflege – Entwicklung und Erprobung betrieblicher Strategien“ vor. Ziel des Vorhabens war es, das Bewusstsein für die demografischen Veränderungen wachsen zu lassen und entsprechende Handlungsstrategien in Einrichtungen der ambulanten Pflege, der Alten- und Krankenhauspflege zu entwickeln und zu erproben. Als Ergebnis kann ein Bündel in der Praxis bewährter Konzepte, Verfahrensweisen und Maßnahmen vorgelegt werden, die auch von nicht am Vorhaben beteiligten Trägern genutzt werden können.

I

Ausgangslage – Demografie in der Pflege

Demografische Entwicklungstrends und Auswirkungen auf die Pflegewirtschaft

Thomas Freiling

1. Demografischer Wandel als Herausforderung für die Pflegewirtschaft

Seit den siebziger Jahren geht in Deutschland ebenso wie in anderen Industrienationen die Geburtenrate zurück, während die erwartete Lebensdauer weiter ansteigt (vgl. Statistisches Bundesamt 2006). Einer der Schwerpunkte der Analysen zum demografischen Wandel liegt auf den Folgen für Unternehmen und den Veränderungen auf das Angebot und die Altersstruktur von Arbeitskräften. Dabei ist zu erwarten, dass der zukünftige Arbeitskräftebedarf allein über die Rekrutierung Jüngerer nicht zu decken sein wird. Somit wird es zu einer Alterung der Belegschaften kommen, was sich zu einer zentralen Herausforderung für die Betriebe gestaltet (vgl. Bellmann/Kistler/Wahse 2007).

Neben der zahlenmäßigen Entwicklung des Fach- und Führungskräftepotenzials hat der demografische Wandel auch Auswirkungen auf die betrieblichen Altersstrukturen. Im Jahr 2015 wird bereits jeder dritte Mitarbeiter älter als 50 Jahre alt sein. Angesichts dieser Prognosen lässt sich festhalten, dass

- in Deutschland zukünftig insgesamt weniger, dabei aber ein höherer Anteil an älteren Fachkräften dem Arbeitsmarkt zur Verfügung steht,
- auf Unternehmen dadurch veränderte Anforderungen an die Personalrekrutierung zukommen,
- personalpolitisch mehr für die (älteren) Beschäftigten getan werden muss, um ihre Arbeits- und Beschäftigungsfähigkeit zu erhalten und sie länger im Betrieb halten zu können.

In der Pflege sind ebenfalls, wie allgemein in der Wirtschaft, deutliche Auswirkungen der Folgen des demografischen Wandels spürbar, und das gleich in mehrfacher Hinsicht.

1. In der *Altenpflege* ist erkennbar, dass einerseits die Zahl der Pflegebedürftigen und andererseits das Alter der Beschäftigten deutlich ansteigen werden:

Bereits in den vergangenen Jahren ist die Zahl der Pflegebedürftigen kontinuierlich gewachsen. Dies wird sich fortsetzen. Auch wenn die Schätzungen unterschiedlich sind, ist doch allen gemein, dass die Zahl der Pflegebedürftigen weiter wächst. Von 2,1 Millionen in 2005 (Statistisches Bundesamt 2005, S. 26) wird sich die Zahl der Pflegebedürftigen 2050 je nach Schätzung in einer vorsichtigen Variante auf 2,8 Millionen (Hof 2001, S. 195) bis 4,7 Millionen (Schulz/Leidl/König 2001, S. 13 f.) erhöhen. Der quantitative *Anstieg der Pflegebedürftigen* bringt einen wachsenden Bedarf an Pflegekräften mit sich. Zur Deckung dieses höheren Bedarfs wird immer wieder gefordert, verstärkt Familienangehörige und ehrenamtliche Kräfte in die Pflege einzubinden (vgl. BMFSFJ 2005; Rothgang/Preuss 2006; Dörner 2007). Mit Blick auf die Realitäten sowohl in Bezug auf die Strukturen und Leistungsfähigkeit des Ehrenamtes, als auch auf die Pflegepotenziale von Frauen innerhalb der Familien – deren Erwerbstätigkeit im Zuge der demografischen Entwicklung zunehmend an Bedeutung gewinnen wird – scheinen hohe Erwartungen an die Kompensation des Bedarfes durch die häusliche Pflege unangemessen (vgl. Statistisches Landesamt Baden-Württemberg 2007; Bundesanstalt für Arbeitsschutz und Arbeitsmedizin 2007; Knäpple/Meier 2004). Demnach ist von einer weiteren Zunahme des Bedarfs an professioneller Pflege auszugehen.

Dieser Trend bestätigt sich auch mit Blick auf die steigende Anzahl von Pflegefachkräften in den letzten Jahren. 1999 waren ca. 221.000 Fachkräfte in Einrichtungen der ambulanten und stationären Altenpflege tätig. 2005 waren es schon über 300.000 (Statistisches Bundesamt 2005, S. 26). Diese Zahl wird sich bis 2040 je nach Szenario auf knapp 400.000 bis rund 550.000 erhöhen (Blinkert/Klie 2001; Statistisches Landesamt Baden-Württemberg 2007; Robert Bosch Stiftung 2007; BMWA 2005). Wie sich dieses Potenzial auf stationäre und ambulante Einrichtungen in der Altenpflege verteilen wird, lässt sich bislang noch nicht im Detail abschätzen. Die steigende Zahl von Menschen mit einem Alter von über 80 Jahren wird auch eine Steigerung der Demenzerkrankten nach sich ziehen, die einer professionellen und qualitativ intensiveren stationären Pflege bedürfen (vgl. Statistisches Bundesamt 2006; Naumann 2006).

Der Blick auf die Altersstruktur der Beschäftigten in der Altenpflege belegt, was im Trend für alle Branchen gilt. Durch die Praxis der Frühverrentung und die Zurückhaltung bei Neueinstellungen in den vergangenen Jahren sehen sich zahlreiche Arbeitgeber bereits heute einer Belegschaft gegenüber, die nur ein geringes Altersspektrum umspannt und sich insbesondere auf die 30- bis 50-Jährigen konzentriert (vgl. Rump/Eilers 2007). Diese werden gemeinsam altern, während im gleichen Zeitraum aufgrund zunehmender Nachwuchsproblematik nicht mit einem nennenswerten Personalaufbau zu rechnen ist (vgl. Buck/Weidenhöfer 2006). Schon heute sind Stellen für Fachkräfte in der Altenpflege zum Teil mit Schwierigkeiten zu besetzen (vgl. BMWA 2005). Angesichts des prognostizierten Anstiegs der Nachfrage nach professionellen Pflegeleistungen stellt dies eine besondere Herausforderung für die Altenpflege dar. Gegenwärtig zeichnet sich die Altenpflege durch eine *rückläufige Anzahl potenzieller jugendlicher Bewerber* aus, während gleichzeitig die arbeitsgebundenen physischen und psychischen Belastungen und Beanspruchungen eine langfristige Bindung der Beschäftigten an den Beruf beeinträchtigen. Erhöhte Fehlzeiten und Fluktuationsraten vervollständigen das Bild der negativen Ausgangsbedingungen (vgl. Krämer 2002). Schreibt man die gegenwärtigen personalwirtschaftlichen Zahlen in der Altenpflege in die Zukunft fort, droht schon bald eine *Unterversorgung an Fachkräften.*

2. In der Krankenhauspflege zeigen sich ähnliche Phänomene. Zunächst die zunehmende Alterung der Patienten: Bemerkenswert ist, dass beispielsweise bis zum Jahr 2030 jeder fünfte Krankenhausfall durch die Altersgruppe der über 80-Jährigen und Älteren verursacht wird. Der Anteil der unter 40-jährigen Patienten wird bis 2030 deutlich sinken (vgl. Abbildung 1). Zudem steigen die Patientenzahlen.

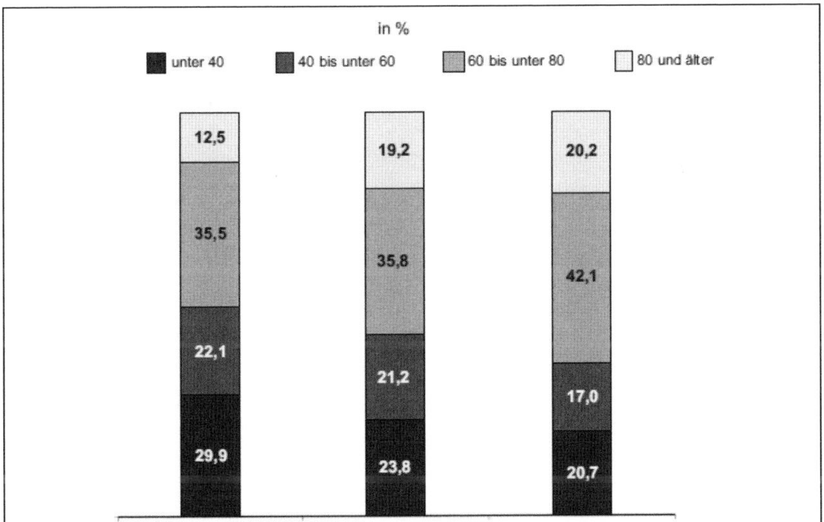

Abbildung 1: Krankenhausfälle nach Altersgruppen (Quelle: Statistisches Bundesamt 2008, S. 14)

Nach Prognosen wird sich die Zahl der Krankenhausfälle von 2008 mit ca. 17 Millionen bis zum Jahr 2030 um zwei Millionen Fälle auf 19 Millionen erhöhen (Statistisches Bundesamt 2008, S. 10).

Die Pflegekraft-Patienten-Relation hat sich seit 2007 von 59 auf 61,5 Fälle pro Pflegekraft verändert (Isfort/Weidner 2010, S. 5).

Auch der Pflegebedarf wird sich aufgrund der Alterung der Patienten verändern: Ältere Menschen leiden unter anderen Erkrankungen als jüngere. Mit zunehmendem Alter treten zudem einzelne Krankheiten vermehrt auf wie z. B. Herz-/ Kreislauferkrankungen und Neubildungen von Krebs (vgl. Statistisches Bundesamt 2008). Auch die Zahl der Diabetes- und Demenzerkrankungen, chronischen Erkrankungen und Multimorbidität wird ansteigen. Die Pflege älterer Patienten ist außerdem deutlich langwieriger, zeitaufwendiger und komplexer als die Pflege jüngerer Patienten (vgl. Statistisches Bundesamt 2007).

In der Krankenhauspflege ist analog zur Altenpflege eine *zunehmende Alterung der Pflegekräfte* festzustellen. Diese werden somit nicht nur zahlenmäßig weniger, sondern auch sukzessive älter. Schon in den vergangenen Jahren ist der Altersdurchschnitt der Pflegekräfte deutlich gestiegen. 1999 lag der Anteil der über 50-Jährigen noch bei 12,2 Prozent. Bis 2005 ist er auf 17,2 Prozent angestiegen. 2008 waren in der Gesundheits- und Krankenpflege zudem insgesamt 50.000

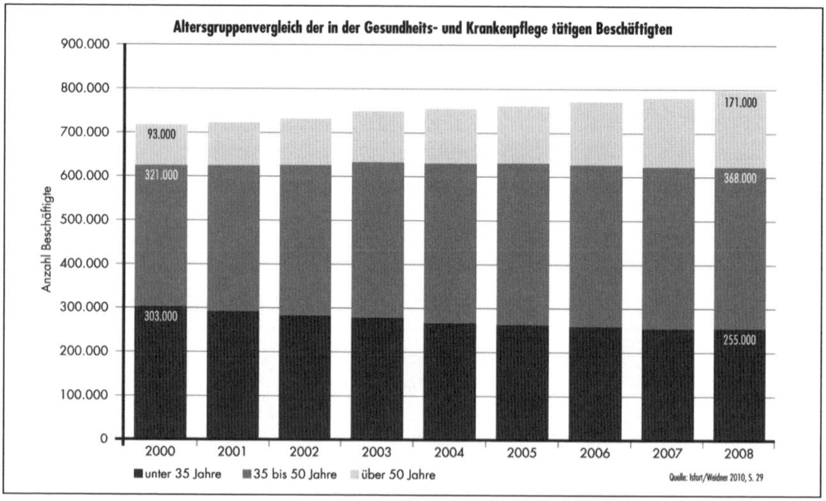

Abbildung 2: Altersgruppenvergleich der in der Gesundheits- und Krankenpflege tätigen Beschäftigten (Quelle: Isfort/Weidner 2010, S. 29)

weniger Pflegekräfte unter 35 Jahren beschäftigt als im Jahr 2000 (Isfort/Weidner 2010, S. 6). Ihr Anteil ist kontinuierlich um 15 Prozent gesunken. Zeitgleich hat sich aber der Bestand der Mitarbeiter über 50 Jahre von 2000 bis 2008 fast verdoppelt, wie Abbildung 2 zeigt.

Die Situation wird zukünftig nicht besser: Der Arbeitsmarkt wird *weniger jungen Fachkräftenachwuchs* zur Verfügung stellen können. Schon heute ist es für viele Kliniken schwer, qualifiziertes Fachpersonal zu gewinnen. Vor allem in der OP- und Intensivpflege können mancherorts freie Stellen lange nicht besetzt werden: In der Intensivpflege blieben in 2009 insgesamt 1.150 Stellen – das entspricht gut 2 Prozent der bundesweiten Vollkraftstellen – unbesetzt (Blum/Offermanns 2009, S. 34). Hinzu kommt, dass auch die Ausbildungskapazität seit Jahren sinkt (von 2000 bis 2008 um 10 Prozent) (Isfort/Weidner 2010, S. 8). Kurzfristige Abmilderungen des Personalbedarfs in der Krankenhauspflege sind nicht absehbar. Mit Blick auf das Ausscheiden einer größeren Zahl (älterer) Erfahrungsträger in den nächsten Jahren droht daher ein Fachkräftemangel in der Krankenhauspflege. Obwohl die Verweildauer der Patienten im Krankenhaus gesunken ist, wird von den Beteiligten die gegenwärtige Besetzung als nicht weiter reduzierbar dargestellt. Schon heute ist von einem Pflegenotstand in Krankenhäusern die Rede (vgl. Lill 2008; Isfort/Weidner 2007).

Wie in der Altenpflege ist aufgrund der physischen und psychischen Arbeitsbelastungen auch in der Krankenpflege nicht zu erwarten, dass ein Großteil der Beschäftigten ihrem Beruf bis zum Erreichen des gesetzlichen Renteneintrittsalters nachgehen kann (vgl. DIP 2007). Die durchschnittliche Verweildauer ist in den Pflegeeinrichtungen mit 8,4 Jahren in der Altenpflege und 13,7 Jahren in der Krankenhauspflege vergleichsweise gering (Hackmann 2009, S. 19 ff.). Die Vielzahl an physischen und psychischen Belastungen (vgl. Kromark/Ostendorf 2011a), wie schweres Heben und Tragen, permanenter Zeitdruck oder mangelnde Führungskompetenz ist für die älteren oft weniger leicht zu kompensieren als für jüngere Fachkräfte. Studien zufolge zeigt sich, dass das Ausmaß der Belastungen bis zu einem Alter von circa 50 Jahren in Pflegeberufen vergleichbar mit anderen Berufsgruppen ist. In der Altersgruppe 50+ kommt es dann zu einem Anstieg der Krankentage (vgl. Hien/Funk 2009). Zudem müssen sich Pflegekräfte auf veränderte Anforderungen in der Pflegetätigkeit selbst vorbereiten, denn die Pflege und Therapie älterer Menschen ist deutlich komplexer und zeitaufwendiger als von jüngeren (vgl. Statistisches Bundesamt 2007).

Strategien zur Änderung der bestehenden Situation müssen dort ansetzen, dass die Pflegekräfte nicht wie bislang frühzeitig aus dem Beruf ausscheiden, sondern ihr gesamtes Berufsleben leistungsbereit und -fähig bleiben. Weil künftig weniger jüngere und vermehrt ältere Fachkräfte zur Deckung des Personalbedarfs vorhanden sein werden, ist es für die Unternehmen der Pflegewirtschaft einerseits erforderlich, auf die veränderten Anforderungen an die Personalrekrutierung zu reagieren und andererseits personalpolitisch mehr für die Beschäftigten zu tun. Zur Sicherung der Wettbewerbsfähigkeit von Einrichtungen des Gesundheitswesens im demografischen Wandel kommt der Förderung der Arbeits- und Beschäftigungsfähigkeit alternder Belegschaften eine wichtige Rolle zu. Um die wachsende Nachfrage an Pflegedienstleistungen am Markt adäquat bedienen zu können, liegt eine zentrale Herausforderung darin, trotz der hohen berufsspezifischen Belastungen die Arbeits- und Beschäftigungsfähigkeit der Pflegekräfte bis zum Renteneintrittsalter zu erhalten. Es gilt, Strategien zum Umgang mit den psychischen und physischen Belastungen zu entwickeln, und das gleich auf mehreren Gestaltungsebenen wie „Kompetenz und Entwicklung“, „Personalgewinnung und -bindung“, „Führung und Unternehmenskultur“, „Arbeitsorganisation und -gestaltung“ sowie „Gesundheitsförderung“ (vgl. Geldermann 2011).

Die berufsspezifischen Belastungen lassen sich in der Regel nicht gänzlich aufheben, aber eine Optimierung der Arbeitsprozesse und des Arbeitsumfelds lässt einen besseren Umgang mit den Belastungen möglich scheinen. Die Erfahrungen in verschiedenen Forschungs- und Modellprojekten haben gezeigt, dass Beschäftigungsfähigkeit nicht in Lebensjahren gemessen werden kann. Ob ein Mitarbeiter mit 40 Jahren die Grenze seiner Leistungsfähigkeit erreicht hat oder mit 65 Jahren noch beschäftigungsfähig ist, hängt weniger von dem biologischen Alter als von der Art der Tätigkeit, den zugrunde liegenden Arbeitsbedingungen und den individuellen Entwicklungsmöglichkeiten ab (vgl. Buck/Weidenhöfer 2006; Börsch-Supan/Düzgün/Weiss 2006). Entscheidend für die Aufrechterhaltung der Beschäftigungsfähigkeit ist die Gestaltung des Arbeitsplatzes. Dazu gehört nicht nur die Nutzung technischer Möglichkeiten, sondern auch die Gestaltung von Arbeitsorganisation, Personaleinsatz, Qualifizierung, Arbeitszeitregelungen, Unternehmenskultur, Arbeitsklima und Arbeitseinstellung. Werden in diesen Bereichen optimale Bedingungen vorgehalten, kann die Beschäftigungsfähigkeit auch in dem stark belastenden Beruf der Altenpflege bis zum Renteneintritt aufrechterhalten werden (vgl. Buck/Weidenhöfer 2006; Berger/Zimber 2004).

Zwar gilt auch in der Pflege, dass die älteren Mitarbeiter in stärkerem Maße von den Arbeitsbelastungen und damit resultierenden gesundheitlichen Beeinträchtigungen betroffen sind als jüngere (vgl. BGW 2007), doch daraus muss sich noch lange kein Automatismus zur Herabsetzung der Arbeits- und Beschäftigungsfähigkeit dieser Gruppe ergeben. Vielmehr verfügen die älteren Beschäftigten über Kompetenzen, die sie gegenüber jüngeren Beschäftigten auszeichnen. Es ist nicht nur so, dass ältere Beschäftigte in der Pflege größere Arbeitszufriedenheit artikulieren und eine geringere Fluktuationsneigung zeigen (vgl. BGW 2007; Berger/Zimber 2004). Vielmehr können sie aufgrund der größeren Handlungsroutinen und ihres Erfahrungswissens den psychischen Belastungen des Berufes mehr entgegensetzen (vgl. Berger/Zimber 2004). Dies gilt vor allem zur Bewältigung der psychischen Belastungen im Pflegeberuf. Durch die systematische Nutzung technischer Hilfsmittel und ergonomischen Know-hows können zudem die auf die Beschäftigtengruppe der Älteren überproportional stärker wirkenden physischen Belastungen aufgefangen werden (vgl. Berger/Zimber 2004).

Damit ist deutlich, dass für eine langfristige Förderung der Arbeits- und Beschäftigungsfähigkeit der Pflegekräfte sowohl die Arbeitssituation in der Einrichtung adäquat zu gestalten ist, als auch die Kompetenzen der Mitarbeiter entsprechend entwickelt werden müssen. Förderliche Arbeitsbedingungen versuchen systematisch die berufsspezifischen Belastungen so gering wie möglich zu halten. Zugleich gilt es, die beruflichen Handlungskompetenzen zu fördern, damit die Beschäftigten in die Lage versetzt werden, die unvermeidlichen berufsspezifischen Belastungen auch individuell kompensieren zu können (vgl. Berger/Zimber 2004; Kessler 2005).

Vor dem Hintergrund der skizzierten Herausforderungen für die Pflegewirtschaft ist das Projekt „Älter werden in der Pflege“ von 2008 bis 2010 vom f-bb zusammen mit der Berufsgenossenschaft für Gesundheitsdienst und Wohlfahrtspflege (BGW) durchgeführt worden. Das Projekt wurde von der Robert Bosch Stiftung gefördert.

2. Demografieorientierte Gestaltungsprojekte zur Bewältigung der Folgen des demografischen Wandels – Das Projekt „Älter werden in der Pflege“

2.1. Ziele

Ziele des Projekts „Älter werden in der Pflege“ waren die Entwicklung, Erprobung, Evaluation und Verbreitung demografiefester Unternehmensstrategien, um Kranken- und Altenpflegeeinrichtungen auf die künftigen Herausforderungen vorzubereiten, die mit dem demografischen Wandel erwartbar sind. Mithilfe von insgesamt sechs Fallstudien (je zwei ambulante und stationäre Altenpflegeeinrichtungen sowie zwei Krankenhäuser) wurde ein Portfolio von Konzepten und Verfahrensweisen erarbeitet, das vielfältig publiziert und daher auch von den Einrichtungen der ambulanten und stationären Altenpflege sowie von Krankenhäusern genutzt werden kann.

Es sollte durch eine exemplarische Strategieverwirklichung in den Fallstudienbetrieben demonstriert werden, wie in den Einrichtungen demografiefeste Unternehmensstrategien gestaltet werden können.

Das Projektziel kann in fünf Teilschritten operationalisiert werden:

- *Bedarfsanalyse:* Entwicklung von Problembewusstsein für die Herausforderungen des demografischen Wandels und Klärung des spezifischen Handlungsbedarfs mittels sechs betrieblicher Fallstudien.
- *Strategieentwicklung:* Entwicklung fallspezifischer Strategien für konkrete Praxisfälle.
- *Strategieerprobung:* Implementierung und Erprobung der entwickelten Strategien in den Einrichtungen.
- *Strategieevaluation:* Bewertung der in den Fallstudienbetrieben implementierten Strategien und Entwicklung eines Strategie-Portfolios, mit dem Unternehmen der Branche erfolgreich auf den demografischen Wandel reagieren können.
- *Strategieverbreitung:* Verbreitung und Transfer der Projektergebnisse durch verschiedene Handlungsleitfäden und Veranstaltungen für Einrichtungen der ambulanten und stationären Altenpflege sowie Krankenhäuser.

Für den Bereich der Krankenhauspflege war vor dem Hintergrund noch unzureichender Erkenntnisse zu den Fragestellungen in einem ersten Schritt eine Sondierung des Feldes im Sinne einer Machbarkeitsstudie notwendig, um daran anknüpfend weitere Strategien für eine Verbreitung in der Fläche entwickeln zu können. Insofern war es das Ziel des Projekts, durch eine Befragung von Pflegedienstleitungen die Dringlichkeit der Thematik zu sondieren, Handlungsmöglichkeiten zu eruieren und Strategien und Konzepte einer demografieorientierten Personalpolitik im Krankenhaus abzuleiten und zu erproben (vgl. Gottwald 2011).

2.2 Handlungskonzept und Vorgehen

Mit der Durchführung und Analyse von sechs betrieblichen Fallstudien sollten exemplarisch die Strategien ausgewiesen werden, mit denen sich Pflegeeinrichtungen in personalwirtschaftlicher Hinsicht auf die Auswirkungen des demografischen Wandels vorbereiten können. Im Rahmen der Fallstudien wurden Antworten auf die Frage gewonnen, wie die Herausforderungen des demografischen Wandels im Zusammenwirken unterschiedlicher Elemente einer vorausschauenden und nachhaltigen betrieblichen Arbeits- und Personalpolitik bewältigt werden können. Ergebnis des gemeinsamen Entwicklungs-, Erprobungs- und Evaluierungsprozesses ist ein Portfolio von integrativen und praxiserprobten Verfahren und Instrumenten, deren Anwendung auch Dritten im Pflegebereich zugänglich sind (vgl. Geldermann 2011).

Für die betrieblichen Fallstudien wurde ein Mehrebenenansatz in unterschiedlichen Phasen bezüglich der Analyse des Handlungsbedarfs (Betriebs-Check), der Entwicklung des Handlungskonzepts, der Erprobung von Maßnahmen im Projekt einschließlich der Evaluierung gewählt (siehe Abbildung 3). Die Vorgespräche zu Beginn dieses Prozesses dienten zur Festlegung der Grobziele sowie des Vorgehens im Projekt.

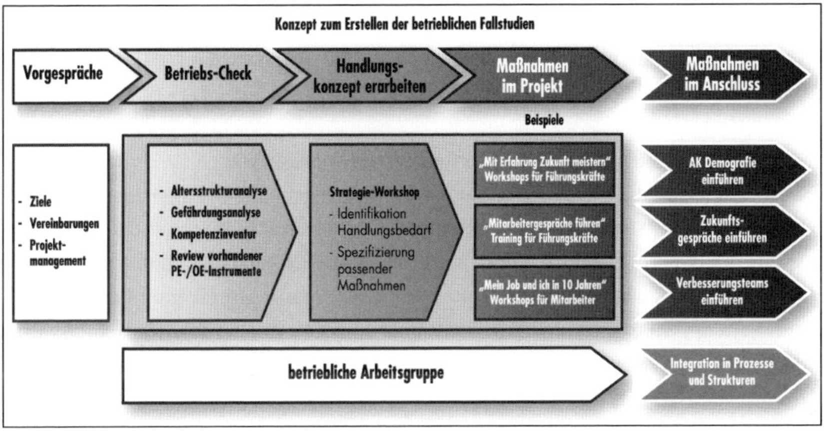

Abbildung 3: Konzept zum Erstellen der betrieblichen Fallstudien

2.2.1 Betriebsspezifische Bedarfsanalyse (Betriebs-Check)

In den Einrichtungen wurden zunächst die personalwirtschaftlichen Risiken und Potenziale zur Bewältigung der demografischen Herausforderungen gemeinsam mit den Akteuren analysiert. Nur wenn bekannt ist, wie das Unternehmen hinsichtlich der demografischen Herausforderungen aufgestellt ist, können passgenaue Maßnahmen geplant und entwickelt werden. Dieser Bedarf ist mit zwei

Instrumenten erfasst worden: Altersstrukturanalyse und Arbeitssituationsanalyse. Die Ergebnisse der durchgeführten Analysen wurden in den Entwicklungsprozess mit den betrieblichen Umsetzungsakteuren eingebracht und waren Grundlage für die Ableitung von Strategien und Konzepten im Projekt.

Die Altersstrukturanalyse

Mit der Altersstrukturanalyse lassen sich anhand weniger Betriebs- und Personaldaten unter Einbeziehung realisierter oder geplanter Personalmaßnahmen Zukunftsszenarien für die Personalstruktur eines Unternehmens entwickeln. Die Altersstrukturanalyse gibt Hinweise auf das künftige Alter der Mitarbeiter und deckt mögliche Probleme auf, denen rechtzeitig gegengesteuert werden sollte. Altersstrukturelle Risiken können in den Bereichen der Rekrutierung, Qualifikation, Personalentwicklung, Personaleinsatz, Know-how-Transfer, Arbeitszeitgestaltung oder der Unternehmenskultur liegen. Bei einer Altersstrukturanalyse wird die aktuelle Altersverteilung der Beschäftigten in die Zukunft fortgeschrieben. In jedem Unternehmen sind Daten über das Alter der Beschäftigten verfügbar, die zur Grundlage der Altersstrukturanalyse genommen werden (vgl. Gerisch/Knapp/Töpsch 2010).

Die demografiebezogene Arbeitssituationsanalyse

Die Arbeitssituationsanalyse (abgekürzt: AsitA) ist eine vielfach im Rahmen von Gesundheitsförderungsprojekten eingesetzte Befragungsmethode, die vor allem qualitative Ergebnisse zur betrieblichen Belastungssituation liefert. Die AsitA ist aber nicht nur ein Instrument zur Problemanzeige, sie greift auch Anregungen der Mitarbeiter zur Entwicklung von Ideen und Problemlösungen auf. Somit steht bei der AsitA der Erhebung von Belastungsfaktoren in der Arbeit immer auch die Reflexion von motivationsfördernden Aspekten und Ressourcen gegenüber. Die AsitA geht von der Annahme aus, dass es die Mitarbeiter sind, die über belastende und fördernde Aspekte ihrer Arbeitssituation am ehesten Auskunft geben können (vgl. Gerisch/Knapp/Töpsch 2010). Im Projekt wurde ein stärkerer Bezug zu demografiebedingten Problemlagen hergestellt.

Für die Durchführung der betrieblichen Fallstudien und die Initiierung von Umsetzungsprozessen in den sechs Einrichtungen wurde zu Beginn der Projektarbeit eine Arbeitsgruppe zur Steuerung der Aktivitäten eingerichtet. Um die Nachhaltigkeit der Projektarbeiten auch über die Laufzeit hinaus für die Einrichtungen sicherzustellen, wurden hierfür betriebliche Multiplikatoren ausgewählt, die zentral für die Umsetzung von Strategien in den unterschiedlichen Arbeitsbereichen verantwortlich waren.

2.2.2 Sensibilisierung und Strategieentwicklung (Handlungskonzept erarbeiten)

Ziel dieser Arbeitsphase war es, aufbauend auf den Ergebnissen der Bedarfsanalyse die betrieblichen Umsetzungsakteure für die demografischen Herausforderungen zu sensibilisieren, die Entwicklung bedarfsgerechter Strategien zu initiieren und konkrete Verabredungen für die weitere Umsetzung im Projekt zu treffen.

Als Arbeitsgrundlage für den weiteren Entwicklungsprozess wurden die Erkenntnisse der Bedarfsanalyse gemeinsam analysiert und erforderliche Maßnahmen abgeleitet. Dieser Erarbeitungsprozess erfolgte in zwei Workshops mit den betrieblichen Experten. Dabei sollten die Akteure Strategien unterschiedlicher Handlungsfelder „Kompetenz und Entwicklung“, „Personalgewinnung und -bindung“, „Führung und Unternehmenskultur“ „Arbeitsorganisation und -gestaltung“ sowie „Gesundheitsförderung“ vor dem Hintergrund der betrieblichen Anforderungen und bestehenden Handlungszwänge ableiten und hinsichtlich ihrer Dringlichkeit priorisieren. Aufbauend auf den ausgewiesenen Handlungsbedarfen sind die Bedingungen zur Veränderung eruiert, mögliche Strategien abgewogen und konkrete Maßnahmen und deren Umsetzungsmöglichkeiten geplant und umgesetzt worden (vgl. Geldermann 2011). Entscheidend für den Erfolg der betrieblichen Maßnahmen ist schließlich immer ein auf die spezifischen Belange des einzelnen Unternehmens maßgeschneidertes Maßnahmenportfolio (vgl. Rump/Eilers 2007).

2.2.3 Formative Prozessbegleitung in der Erprobungsphase

Um eine erfolgreiche Projektumsetzung in den Pflegeeinrichtungen unterstützen zu können, wurden diese während des Umsetzungsprozesses durch die Projektpartner fachlich begleitet. In regelmäßig stattfindenden Reflexions-Workshops fand eine Analyse und Bewertung der bisherigen Schritte gemeinsam mit den beteiligten Akteuren statt. Zudem wurden erforderliche weitere Schritte festgelegt. Gegebenenfalls wurden Modifikationen im Sinne einer fortlaufenden Qualitätssicherung zu den betrieblichen Umsetzungsstrategien geplant und beschlossen. Indem immer wieder prozessbegleitend die Schritte der Konzeptverwirklichung in den Einrichtungen auf ihren Erfolg überprüft wurden, konnten frühzeitig erforderliche Anpassungen und Verbesserungen in die Wege geleitet werden. Gemeinsam mit den Umsetzungsakteuren in den Einrichtungen galt es, die hierfür relevanten Qualitätsstandards zu definieren und kontinuierlich zu überprüfen. Die formative Prozessbegleitung diente zudem dazu, schon im Projektverlauf Erkenntnisse für die Evaluation zu sammeln, die sowohl für den fortlaufenden Qualitätssicherungsprozess als auch für die Transferarbeit von hoher Bedeutung waren. Die Prozessbegleitung wurde dadurch ergänzt, dass die Einrichtungen zusätzlich auf spezifische Beratungsangebote durch die Projektpartner zurückgreifen konnten.

Ergänzend dazu fanden zwei Workshops zum Erfahrungsaustausch zwischen den sechs beteiligten und zusätzlichen Einrichtungen statt. Der gegenseitige Austausch über die erfolgreichen Strategien gab den Einrichtungen weitere Anregungen für die anstehende Verstetigung Erfolg versprechender Maßnahmen und Strategien in der betrieblichen Alltagspraxis. Durch den Austausch wurde das von der BGW begleitete Kompetenznetzwerk zugleich gefestigt und ausgebaut (vgl. Kromark/Ostendorf 2011b). Darüber hinaus bot der Austausch-Workshop eine gute Gelegenheit, die verfolgten Strategien der Einrichtungen im gegenseitigen Vergleich zu diskutieren und zu bewerten. Die dabei gewonnenen Ergebnisse mündeten sowohl in die Evaluation als auch in die Verbreitung der Projektergebnisse.

3. Transfer der Projektergebnisse

Die Entwicklungsarbeit mit den betrieblichen Fallstudien in der Pflegebranche soll substanzielle Fortschritte bei der Entwicklung von Methoden zur Systeminnovation erreichen. Aus diesem Grund stellt die Verbreitung der Ergebnisse keine separate Phase im Anschluss an die Entwicklungsarbeit mit den Einrichtungen dar, sondern sie war zentraler Auftrag, auf den hin alle Projektentwicklungen konzipiert und durchgeführt worden sind (vgl. Stahl 2001; Kutt 2001). Damit wird deutlich, dass seit Beginn des Projekts an dem Ziel – der Verbreitung der entwickelten, erprobten und evaluierten Unternehmensstrategien – gearbeitet worden ist.

Die Verbreitung der Projekterkenntnisse richtet sich direkt an die Einrichtungen der Krankenhaus- und Altenpflege als auch die Fachöffentlichkeit der Branche insgesamt. Gelingt es, sowohl die Bedeutsamkeit des Themas als auch Strategien für den Umgang mit den personalwirtschaftlichen Auswirkungen des demografischen Wandels in eine breite Fachöffentlichkeit zu tragen, kann das durchgeführte Projekt weiter dabei unterstützen, nachhaltige Veränderungen in der Branche zu erreichen. Dazu sind unterschiedliche Transferprodukte (Handlungsleitfäden,

Fachaufsätze, Sammelband, Tagungspräsentationen) erstellt und publiziert worden. Für die öffentlichkeitswirksame Ansprache der Fachöffentlichkeit sowie Verbreitung der Projektergebnisse in der Pflegebranche wird die BGW als Informationsplattform weiter aktiv sein (vgl. Kromark/Ostendorf 2011b).

Die gesamten Ergebnisse des Projekts sind in diesem Sammelband in unterschiedlichen Beiträgen zusammengefasst dargestellt und um einschlägige wissenschaftliche Erkenntnisse und Stellungnahmen weiterer Autoren ergänzt.

Im Kapitel I stellen Kathrin Kromark und Pamela Ostendort Ergebnisse empirischer Studien zu den Arbeitsanforderungen an die in der Pflege Tätigen dar, bevor Nicole Stab und Winfrid Hacker empirische Erkenntnisse zu den Anforderungen und Belastungen der Beschäftigten speziell in der teilstationären psychiatrischen Pflege ergänzen: In dem Tätigkeitsfeld scheinen für ältere Beschäftigte grundsätzlich günstige Arbeitsbedingungen vorherrschend zu sein. Kapitel I wird durch den Beitrag von Franz Wagner mit Thesen zur Skizzierung der aktuellen Situation in der Pflege sowie Lösungsansätzen auf Basis einer spezifisch betrieblichen Sicht abgerundet.

Die im Rahmen des Projekts „Älter werden in der Pflege“ entwickelten Strategien und Konzepte werden im Kapitel II von Brigitte Geldermann dargestellt. Diese Ergebnisse werden ergänzt um Gestaltungserkenntnisse aus dem Projekt „Analyse und Gestaltung alter(n)sgerechter Arbeitsbedingungen in Krankenhaus und Pflegeheimen“ von Heiner Dunckel mit Empfehlungen zur Gestaltung einer alternsgerechten Arbeit in Einrichtungen der Alten- und Krankenhauspflege. Der Beitrag von Mario Gottwald stellt die Ergebnisse der im Projekt „Älter werden in der Pflege“ durchgeführten Krankenhausbefragung dar und leitet Anforderungen an Gestaltungsmaßnahmen in Krankenhäusern ab.

Im Kapitel III werden exemplarisch die im Projekt entwickelten Strategien und Konzepte in stationären und ambulanten Pflegeeinrichtungen sowie Krankenhäusern von Renate Hülsmann, Christof Heusel, Uwe Peters, Christina Finnmann und Jolanthe Hecker dargestellt. Sie machen auch anderen Einrichtungen deutlich, welches Spektrum an Methoden und Instrumenten durch eine beteiligungsorientierte Strategiearbeit von den Akteuren selbst initiiert und weiter verfolgt werden kann.

In der Konsequenz der Projektarbeit ergeben sich weitere Schlussfolgerungen für die Arbeit in den Einrichtungen, aber auch in der wissenschaftlichen Forschungs- und Entwicklungsarbeit. Im Kapitel IV stellt zunächst Thomas Freiling den weiteren Forschungs- und Entwicklungsbedarf abgeleitet aus den Projektergebnissen dar. Julia Oberlies beschäftigt sich mit Fragen der Wirtschaftlichkeit derartiger demografiebezogener Veränderungsprozesse und Kathrin Kromark und

Pamela Ostendorf gehen abschließend auf Faktoren erfolgreicher und nachhaltiger Veränderungsprozesse zum demografischen Wandel ein.

Literatur

Bellmann, L./Kistler, E./Wahse, J. (2007):
Demographischer Wandel: Betriebe müssen sich auf alternde Belegschaften einstellen. IAB-Kurzbericht, Nr. 21. Nürnberg

Berger, G./Zimber, A. (2004):
Alter(n)sgerechte Arbeitsplätze in der Altenpflege. Wege zur Stärkung der Arbeits(bewältigungs)fähigkeit (nicht nur) der älteren Mitarbeiter/innen. Kiel/Heidelberg

BGW (2007):
Sieht die Pflege bald alt aus? BGW-Report 2007. Hamburg

Blinkert, B./Klie, T. (2001):
Zukünftige Entwicklung des Verhältnisses von professioneller und häuslicher Pflege bei differierenden Arrangements und privaten Ressourcen bis zum Jahre 2050. Expertise im Auftrag der Enquête-Kommission „Demographischer Wandel" des Deutschen Bundestages. Wiesbaden

Blum, K./Offermanns, M. (2009):
Krankenhausbarometer. Umfrage 2009. Hg. von: Deutsches Krankenhausinstitut. Düsseldorf

BMFSFJ (2005):
Fünfter Bericht zur Lage der älteren Generation in der Bundesrepublik Deutschland. Potenziale des Alters in Wirtschaft und Gesellschaft. Der Beitrag älterer Menschen zum Zusammenhalt der Generationen. Berlin

BMWA (2005):
Stellenbesetzungsprozesse im Bereich „einfacher" Dienstleistungen. Abschlussbericht einer Studie im Auftrag des Bundesministeriums für Wirtschaft und Arbeit. Berlin

Börsch-Supan, A./Düzgün, I./Weiss, M. (2006):
Sinkende Produktivität alternder Belegschaften? Zum Stand der Forschung. In: Prager, J. U./ Schleiter, A. (Hg.): Länger leben, arbeiten und sich engagieren. Chancen werteschaffender Beschäftigung bis ins Alter. Gütersloh, S. 85–102

Buck, H./Weidenhöfer, J. (2006):
Betriebliche Personalpolitik – Demographische Herausforderungen bewerten und annehmen. In: Prager, J. U./ Schleiter, A. (Hg.): Länger leben, arbeiten und sich engagieren. Chancen werteschaffender Beschäftigung bis ins Alter. Gütersloh, S. 102–116

Bundesanstalt für Arbeitsschutz und Arbeitsmedizin (2007):
Fels in der Brandung. Ältere Beschäftigte im Pflegeberuf. Dortmund

DIP (2007):
Pflege-Thermometer 2007. Eine bundesweit repräsentative Befragung zur Situation und zum Leistungsspektrum des Pflegepersonals sowie zur Patientensicherheit im Krankenhaus. Köln

Dörner, K. (2007):
Leben und sterben, wo ich hingehöre. Dritter Sozialraum und neues Hilfesystem. Neumünster

Geldermann, B. (2011):
Methoden und Instrumente einer demografiefesten Personalpolitik in der Pflege. In: Loebe, H./Severing, E. (Hg.): Zukunftsfähig im demografischen Wandel, Herausforderungen für die Pflegewirtschaft. Bielefeld, S. 57–74

Gerisch, S./Knapp, K./Töpsch, K. (2010):
Demografiefeste Personalpolitik in der Altenpflege – Handlungsbedarf erfassen. Bielefeld

Gottwald, M. (2011):
Demografiefeste Problemlagen sowie alternsgerechte Gestaltungsansätze in der Krankenhauspflege. Ergebnisse einer bundesweiten Bedarfsstudie. In: Loebe, H./Severing, E. (Hg.): Zukunftsfähig im demografischen Wandel, Herausforderungen für die Pflegewirtschaft. Bielefeld, S. 89–107

Hackmann, T. (2009):
Arbeitsmarkt Pflege. Bestimmung der künftigen Altenpflegekräfte unter Berücksichtigung der Berufsverweildauer. FZG Diskussionsbeiträge, Nr. 40. Freiburg

Hien, W./Funk, G. (2009):
Pflegen bis 67? Die gesundheitliche Situation älterer Pflegekräfte. Frankfurt am Main

Hof, B. (2001):
Auswirkungen und Konsequenzen der demographischen Entwicklung für die gesetzliche Kranken- und Pflegeversicherung. Gutachten im Auftrag des Gesamtverbandes der Deutschen Versicherungswirtschaft e.V., Köln

Isfort, M./Weidner, F. (2007):
Paradoxe Personalsituation beeinträchtigt die Versorgungsqualität. In: Die Schwester – Der Pfleger, Nr. 8, S. 44–48

Isfort, M.; Weidner, F. u.a. (2010):
Pflege-Thermometer 2009. Eine bundesweite Befragung von Pflegekräften zur Situation der Pflege und Patientenversorgung im Krankenhaus. Herausgegeben von: Deutsches Institut für angewandte Pflegeforschung e.V. (dip), Köln. Online verfügbar unter: http://www.dip.de (letzter Zugriff am 10.08.2010)

Kessler, J. (2005):
Alter(n)sgerechte Arbeitsplätze in der Altenpflege. Eine Handreichung für Pflegeeinrichtungen. Stuttgart

Knäpple, A./Meier, M. u.a. (2004):
Personalsituation. Eine Studie. Bad Dürrheim

Krämer, K. (2002):
Lebensarbeitszeitgestaltung in der Altenpflege – Handlungsleitfaden für eine alternsgerechte Personalentwicklung. Broschürenreihe: Demographie und Erwerbsarbeit. Stuttgart

Kromark, K./Ostendorf, P. (2011a):
Arbeitsanforderungen im Pflegeberuf – Ergebnisse empirischer Studien im Überblick. In: Loebe, H./Severing, E. (Hg.): Zukunftsfähig im demografischen Wandel, Herausforderungen für die Pflegewirtschaft. Bielefeld, S. 27–36

Kromark, K./Ostendorf, P. (2011b):
Erfolgsfaktoren erfolgreicher und nachhaltiger Veränderungsprozesse zum demografischen Wandel – Handlungsoptionen für Pflegeeinrichtungen. In: Loebe, H./Severing, E. (Hg.): Zukunftsfähig im demografischen Wandel, Herausforderungen für die Pflegewirtschaft. Bielefeld, S. 171–179

Kutt, K. (2001):
Den Transfer gestalten. Aber wie? Für eine bessere Umsetzung von Modellversuchsergebnissen durch „Management des Transfers". In: BWP, Nr. 2, S. 28–32

Lill, T. (2008):
Wenn zwei stürzen, bleibt einer liegen. In: Spiegel-Online. Online verfügbar unter: www. Spiegel.de/wirtschaft/0,1518,541365,00.html (letzter Zugriff am 17.03.2008)

Naumann, D. (2006):
Gesellschaftliche Integration und Mitwirkung im Kontext des hohen Alters. Heidelberg

Robert Bosch Stiftung (2007) (Hg.):
Standort Baden-Württemberg. Demographie und Zukunftsfähigkeit. Stuttgart

Rothgang, H. (2001):
Finanzwirtschaftliche und strukturelle Entwicklungen in der Pflegeversicherung bis 2040 und mögliche alternative Konzepte. Endbericht zu einer Expertise für die Enquête-Kommission „Demographischer Wandel" des deutschen Bundestages. Bremen

Rothgang, H./Preuss, M. (2006):
Demographischer Wandel und Entwicklungen in der Altenpflege. In: Impulse, Nr. 4, S. 10

Rump, J./Eilers, S. (2007):
Employability Management – lebenslange Beschäftigungsfähigkeit als Antwort auf den demografischen Wandel. In: Loebe, H./Severing, E. (Hg.): Demografischer Wandel und Weiterbildung. Strategien einer alterssensiblen Personalpolitik. Bielefeld, S. 39–58

Schulz, E./Leidl, R./König, H-.H. (2001):
Auswirkungen der demografischen Entwicklung auf die Zahl der Pflegefälle. Vorausschätzungen bis 2020 mit Ausblick auf 2050. Berlin

Simon, M./Tackenberg, P./Hasselhorn, H.-M./Kümmerling, A./Büscher, A./ Müller, Bernd H. (2005):
Auswertung der ersten Befragung der NEXT-Studie in Deutschland. Wuppertal. Online verfügbar unter: www.next.uni-wuppertal.de (letzter Zugriff am 30.07.2010)

Stahl, T. (2001):
Innovationsprojekte managen durch Selbstevaluation. Ein Leitfaden zum reflexiven Projektmanagement (Manuskript)

Statistisches Bundesamt (2005):
Pflegestatistik 2005. Pflege im Rahmen der Pflegeversicherung. Deutschlandergebnisse. Wiesbaden

Statistisches Bundesamt (2006):
11. koordinierte Bevölkerungsvorausberechnung. Annahmen und Ergebnisse. Wiesbaden

Statistisches Bundesamt (2007):
Gesundheit. Fallpauschalenbezogene Krankenhausstatistik (DRG-Statistik). Diagnosen und Prozeduren der vollstationären Patienten und Patientinnen in Krankenhäusern. Wiesbaden

Statistisches Bundesamt (2008):
Demografischer Wandel in Deutschland. Heft 2. Auswirkungen auf Krankenhausbehandlungen und Pflegebedürftige im Bund und in den Ländern. Wiesbaden

Statistisches Landesamt Baden-Württemberg (2007):
Der Demografische Wandel in Baden-Württemberg. Reihe Statistische Analysen 2/2007. Stuttgart

Arbeitsanforderungen im Pflegeberuf – Ergebnisse empirischer Studien im Überblick

Kathrin Kromark, Pamela Ostendorf

1. Einleitung

Die Arbeitsbelastung im Pflegeberuf gilt im Allgemeinen als sehr hoch, da er neben physisch anspruchsvollen Tätigkeiten auch hohe psychische Anforderungen mit sich bringt. Nicht zuletzt führt die zunehmende Arbeitsverdichtung zu negativen Auswirkungen auf den Gesundheitszustand und die Arbeitsmotivation der Pflegekräfte. Der vorliegende Artikel gibt einen kurzen Überblick über die Arbeitsanforderungen im Pflegeberuf auf Basis des aktuellen Forschungsstandes.

2. Arbeitsanforderungen im Pflegeberuf

2.1 Physische Anforderungen

Die körperlichen pflegerischen Tätigkeiten werden von Pflegekräften häufig als sehr belastend erlebt. Im Rahmen einer qualitativen Erhebung (vgl. Hien 2009) äußerten sich Pflegende teilweise sehr deutlich: „Ich kann es mir jetzt kaum vorstellen, obwohl ich ja noch ganz fit bin, nee, ich sag' mal, so 62 wär' so'n Limit. Ich seh' das auch bei meinen Kolleginnen, die schon länger in der Pflege sind, aufgrund der körperlichen Belastung, dass die so mit Mitte 50 abbauen" (Hien 2009, S. 10).

Körperliche Belastungen werden neben Zeitdruck und hoher quantitativer Arbeitsbelastung im Bereich der stationären Altenpflege als gravierend empfunden (vgl. Stadler 2007). Laut der NEXT-Studie (vgl. Simon u. a. 2005; Simon u. a. 2008) sind die körperlichen Arbeitsanforderungen vor allem in der stationären Altenpflege und auf den Normalstationen in Krankenhäusern hoch. Die ambulanten Dienste und Intensivstationen im Krankenhaus zeigten einen geringeren Grad körperlicher Belastung. So wies in stationären Altenpflegeeinrichtungen weit mehr als die Hälfte der Pflegekräfte (63,5 Prozent) eine hohe Exposition durch Heben und ungünstige Körperhaltungen auf, in Krankenhäusern ungefähr jede zweite Pflegekraft und in der ambulanten Pflege jede dritte der im Pflegebereich Beschäftigten (34,8 Prozent). Dabei gab es bei allen drei Gruppen einen statistisch signifikanten Zusammenhang zwischen einem hohen Score-Wert bei der Frage nach Heben/ungünstigen Körperhaltungen und der Ausprägung der Beschwerden im Hals- und Lendenwirbelsäulenbereich: Je höher die körperliche Belastung war, desto ausgeprägter waren die Wirbelsäulenbeschwerden.

Auch die Erwerbstätigenbefragung 2006 (vgl. BIBB/BAuA 2006) zeigte, dass das Heben schwerer Lasten – für Frauen mehr als 10 kg, für Männer mehr als 20 kg – für zwei von drei Pflegenden (68,2 Prozent) zum Berufsalltag gehört; knapp drei Viertel davon empfanden diese Tatsache als belastend. Das Arbeiten in gebückter, hockender, kniender oder liegender Position kommt bei 35,8 Prozent der Pflegekräfte häufig vor. Auch hier bewerteten die meisten (63,8 Prozent) der Betroffenen diese Arbeitssituation als belastend. Dieser Befund wird gestützt durch eine Studie von Nowak u. a. (2007), die belegt, dass die Mehrheit der befragten Pflegekräfte unangenehme Körperhaltungen als belastend empfindet. In einer weiteren Studie bei Pflegekräften aus Krankenhäusern wurden mittels eines computergestützten Messsystems die Häufigkeit und Ausprägung ungünstiger Körperhaltungen und Bewegungen ermittelt. Die Auswertung zeigte, dass die Probanden im Laufe einer Arbeitsschicht eine Vielzahl ungünstiger Körperhaltungen eingenommen haben, die anhand festgeschriebener Normen als kritisch bewertet werden können (vgl. Freitag 2007).

Neben den physisch belastenden Faktoren „Heben“ und „ungünstige Körperhaltungen“ wird eine hohe Beanspruchung aufgrund lang andauernder Tätigkeiten im Stehen und langen Laufwegen konstatiert. Ein entsprechender Befund aus der NEXT-Studie (vgl. Estryn-Behar 2005) belegt, dass 65 Prozent des examinierten Pflegepersonals regelmäßig mehr als sechs Stunden pro Schicht im Stehen arbeitet. Damit liegt Deutschland im Vergleich mit sieben anderen europäischen Ländern auf Rang 2 – lediglich Frankreich und Polen liegen mit 68 Prozent noch darüber.

2.2 Quantitative Anforderungen

Arbeitszeiten, Familie und Freizeit sind in Pflegeberufen häufig nur mit nicht unerheblichem Aufwand zu vereinbaren und werden als eine der bedeutendsten Arbeitsbelastungen in der Pflege angesehen (vgl. Hasselhorn u. a. 2005). In diesem Abschnitt werden die Ergebnisse einiger Studien vorgestellt, in denen quantitative Arbeitsanforderungen erfasst worden sind.

2.2.1 Schichtarbeit, Pausengestaltung und Arbeitsabläufe

Arbeiten im Mehrschichtsystem ist für den Körper belastend, da es aufgrund der Arbeit in der Nacht zu einer physiologischen Desynchronisation der Körperfunktionen kommt. Dieses Arbeiten „entgegen der inneren Uhr“ äußert sich insbesondere durch verminderte Leistungsfähigkeit und Müdigkeit, die zu einem Anstieg der Fehlerfrequenz und zu einer verlängerten Reaktionszeit führen kann (vgl. Beermann 2008). Neben den gesundheitlichen Auswirkungen wie Schlafstörungen, chronischer Müdigkeit, gastro-intestinalen und Herz-Kreislauf-Beschwerden geht Schichtarbeit mit sozialen Beeinträchtigungen einher. Diese empirisch nachweisbaren Nachteile nehmen viele Pflegekräfte in Kauf, da sie durch diese Form der Arbeitszeitregulierung einen größeren Freiraum und mehr Flexibilität für die Koordination von Familie und Beruf gewinnen. Zudem können die negativen Auswirkungen der Nachtarbeit mittels verschiedener Kompensationsmechanismen ausgeglichen werden (vgl. Berger 2006). Laut BIBB/BAuA-Erwerbstätigenbefragung 2005/2006 arbeiten 76,6 Prozent der Pflegekräfte in Schichtarbeit und jede zweite Pflegekraft regelmäßig oder dauerhaft im Nachtdienst. Der Faktor „ungünstige Arbeitszeiten“ scheint für Pflegekräfte trotz der relativ großen körperlichen Beanspruchung weniger belastend zu sein als andere Faktoren – was vermutlich mit der o. g. Flexibilität zu erklären ist. Die Ergebnisse der Next-Studie bestätigen diese Einschätzung. Danach sind ca. zwei Drittel der deutschen Pflegekräfte mit ihrer Arbeitszeit in Bezug auf ihr persönliches Wohlergehen zufrieden. Zudem stieg in fast allen untersuchten europäischen Ländern der Zufriedenheitsscore hinsichtlich ihrer Arbeitszeit mit höherem Alter (vgl. Hasselhorn u.a. 2005). Die wenigsten Zufriedenen fanden sich in der Gruppe der Pflegekräfte im Drei-Schicht-Betrieb (61 Prozent), die mit 60 Prozent den Großteil des untersuchten Kollektivs darstellt.

2.2.2 Arbeitsaufkommen und Arbeitstempo

In der Literatur finden sich zahlreiche Belege dafür, dass Arbeitsverdichtung und Zeitmangel zu den wesentlichen Belastungsfaktoren in der Alten- und Krankenpflege zählen. So konstatieren Braun et al. (2010) für Pflegekräfte in der stationären Krankenpflege entsprechend einen Zusammenhang zwischen zunehmend verdichteter Arbeit und wachsender Arbeitsbelastung; auch, aber nicht ausschließlich aufgrund der Einführung von Diagnosis-Related Groups (DRG). Die Studienergebnisse zeigen beispielsweise eine Zunahme andauernd hohen Zeitdrucks im Vergleich der Jahre 2003, 2006 und 2008. Ein weiterer Faktor, der eine

Mehrfachbelastung begünstigen kann, ist unter anderem ein hoher Anteil administrativer Tätigkeiten. Mehrfachbelastungen werden nach Braun u.a. (2010) umgekehrt dann weniger wahrgenommen, wenn Pflegekräfte in Dauernachtschicht und im Tagdienst ohne Schichtarbeit tätig sind.

Mit dem Pflegethermometer 2009 (vgl. Isfort/Weidner 2010) wurden repräsentative Befragungsergebnisse von Pflegekräften aus der stationären Krankenpflege publiziert. Hier wurde zur Objektivierung der Belastungssituation ein Indikator herangezogen, der aus folgenden Items gebildet wurde: Anzahl der betreuten Patienten, der tatsächliche Personalabbau, die Anzahl der Überstunden sowie das Einspringen an eigentlich freien Wochenenden und Feiertagen. Die Autoren bildeten anhand dieser Kriterien eine Untergruppe „hoch belasteter" Pflegender. Das waren diejenigen, die angaben, einen direkten Stellenabbau bei zunehmenden Patientenzahlen zu erleben und geleistete Überstunden nicht zeitnah wieder ausgleichen zu können. Jede fünfte Pflegekraft (21,5 Prozent) musste von den Autoren vor diesem Hintergrund als „hoch belastet" eingestuft werden. Eine Reduzierung ihres Stellenanteils aufgrund von Überforderung erwogen in dieser Gruppe 39,6 Prozent im Gegensatz zu 28,1 Prozent bei allen befragten Pflegekräften.

In einer Studie von Zimber u.a. (2000) erwiesen sich Zeitdruck und mangelnde gesellschaftliche Anerkennung als hoch belastend für Pflegekräfte in der stationären Altenpflege; zu einem vergleichbaren Ergebnis kommen auch Nowak u.a. (2007) und Stadler u.a. (2007). Für die ambulante Pflege charakterisieren Büssing et al. (2005) Zeitdruck mehrdimensional: Zu einer allgemein hohen Arbeitsmenge kommen zusätzlich zeitliche Vorgaben und Vorstellungen der Patienten und deren Angehörigen. Die Autoren konstatieren, dass – anders als in der stationären Pflege (vgl. Büssing et al. 2000) – Unterbrechungen der Arbeitsabläufe im ambulanten Bereich nach Angaben der Interviewpartner nur eine untergeordnete Rolle spielen. Die Pflegekräfte können sich in der Zeit, in der sie beim Patienten sind, voll auf ihn konzentrieren. Nachteilig auf das Belastungserleben wirken sich in der ambulanten Pflege hingegen häufig vorkommende Störungen wie Verzögerungen durch z.B. unplanbare Wartezeiten oder ungünstige Straßenverkehrsbedingungen aus.

2.3 Emotionale Anforderungen

Psychische Anforderungen verstärken die Belastungsvielfalt bei der Arbeit in der Pflege. Während in der Gesamtbevölkerung durchschnittlich etwa jeder zehnte Beschäftigte (10,8 Prozent) seine Tätigkeit als „gefühlsmäßig belastende Arbeit" beschreibt, beträgt dieser Anteil in den Pflegeberufen laut Erwerbstätigenbefragung 2006 rund 40 Prozent (41,7). Dieser Faktor trägt sicherlich dazu bei, dass deutlich mehr Beschäftigte in Pflegeberufen (27,0 Prozent) das Gefühl haben, häufig an die Grenze ihrer eigenen Leistungsfähigkeit gehen zu müssen als Beschäftigte in anderen Berufen (16,6 Prozent) (vgl. BIBB/BAuA 2006).

Die emotionalen Anforderungen zeigen sich auf mehreren Ebenen: zum einen durch die oben beschriebenen quantitativen Arbeitsanforderungen und den damit einhergehenden Zeitdruck. Zum anderen gehören zu den psychischen Anforderungen vor allem folgende psychosoziale Belastungsschwerpunkte, von denen in der Folge einige näher beleuchtet werden:

- Überforderung bei der Pflege von multimorbiden, schwerstkranken oder sterbenden Patienten,
- der Umgang mit „schwierigen" Patienten,
- ethische Konflikte und mangelnde Anerkennung durch andere kooperierende Berufsgruppen (z. B. ärztlicher Dienst).

Nach Glaser/Höge (2005) stellen vor allem die sogenannten Regulationshindernisse besonders schwerwiegende Formen der psychischen Belastung in der stationären Krankenpflege dar. So zeigten sich in den Studien der genannten Autoren sehr hohe Belastungsgrade für Unterbrechungen der Arbeitsabläufe durch andere Personen, z. B. weil das Telefon klingelt oder Patienten bzw. deren Angehörige mit Fragen oder Wünschen an die Pflegenden herantreten. Neben den genannten Belastungsfaktoren, die sich ungünstig auf die kognitive Regulation der Arbeitstätigkeit auswirken, gelangen nach Glaser/Höge noch wenig rezipierte Konzepte wie etwa das der „Emotionsarbeit" und „Emotionsregulation" in den arbeitspsychologischen Diskurs. Danach liegt eine emotionale Dissonanz dann vor, wenn die von den Pflegekräften in der Interaktion mit Patienten zum Ausdruck gebrachten Gefühle zwar mit beruflich und organisational geforderten Emotionen übereinstimmen, jedoch vom tatsächlichen Gefühl abweichen. Diese Dissonanz gilt somit als Belastungsfaktor. Der Umgang mit Leid, Tod und Sterben stellt jedoch nicht nur dann eine Belastung dar, wenn eine Abweichung zwischen den „echten" und den „sozial induzierten" Emotionen vorliegt; vielmehr ist der Umgang mit Leid, Tod und Sterben grundsätzlich psychologisch anspruchsvoll.

2.3.1 Leid, Sterben und Tod

Neben den mit Zeitdruck und mangelnder gesellschaftlicher Anerkennung assoziierten Hauptbelastungen empfanden Pflegekräfte aus der ambulanten und stationären Altenpflege „Aussichtslosigkeit auf Besserung bei den Patienten" und „Konfrontation mit Tod und Sterben" als weitere Hauptbelastungsfaktoren (vgl. Gregersen 2005). Laut Gregersen kann diese Belastung auch dadurch bedingt sein, dass sich ein Viertel der Befragten nicht ausreichend auf ihre Aufgabe vorbereitet fühlt. Zudem führen in der ambulanten Pflege die tägliche Versorgung der immer gleichen Patienten und die immer wiederkehrenden gleichen Tätigkeiten bei einem Teil der Pflegekräfte zu einem Rückgang der Arbeitsmotivation.

2.3.2 Aggressive Patienten und Angehörige

Für Deutschland gibt es nur wenige Zahlen zur Häufigkeit von Übergriffen, die sich gegen Pflegepersonal richten (vgl. Zeh 2009). In einer Querschnittsstudie in einem psychiatrischen Krankenhaus wurde festgestellt, dass von den in zwölf Monaten aufgenommenen 2.210 Patienten 171 in 441 aggressive Vorkommnisse verwickelt waren. Im Durchschnitt kam es hier also zu 1,7 aggressiven Ereignissen pro Bett pro Jahr (vgl. Ketelsen et al. 2007). Büssing/Höge (2004) haben 105 ambulante Pflegedienste in Deutschland mit 1.314 Beschäftigten befragt. Sie belegen, dass 23 Prozent der Pflegekräfte bereits einmal physische Übergriffe durch Angehörige erlebt haben. In einer retrospektiven Studie wurden 123 Beschäftigte aus Pflegeheimen, psychiatrischen Kliniken und Werkstätten für behinderte Menschen zu ihren Erfahrungen mit verbaler und körperlicher Gewalt befragt (vgl. Franz u. a. 2010). Verbale Aggressionen hatten 97 Prozent der Befragten in psychiatrischen Kliniken und 90 Prozent der Befragten in Pflegeheimen innerhalb von zwölf Monaten erfahren; bei körperlicher Gewalt waren es 79 Prozent bzw. 84 Prozent. Diese Vorfälle führten bei knapp der Hälfte (45 Prozent) der Befragten zu körperlichen Beschwerden und bei drei Viertel (77 Prozent) zu emotionalen Auswirkungen wie Wut und Hilflosigkeit. Eine systematische Erfassung von Verletzungen, die in Pflege- und Betreuungsberufen durch Gewalt entstehen, existiert nach Zeh (2009) allerdings nicht.

In einer Befragung von fast 4.500 Altenpflegekräften stellten Gewalt und körperliche Attacken von Bewohnern für eher wenige Befragte (7,6 Prozent) eine „sehr hohe" Belastung dar, 55,1 Prozent fühlten sich dadurch nur „niedrig" belastet. Die Autoren weisen darauf hin, dass sich das Belastungsempfinden im Hinblick auf die Rahmenbedingungen in den einzelnen Arbeitsbereichen aufgrund der Patientenklientel zum Teil erheblich voneinander unterscheidet (vgl. Stadler 2007).

3. Fazit: Ressourcen älterer Pflegekräfte zur Bewältigung der Arbeitsanforderungen

„Als Gruppe insgesamt gesehen sind die älteren Pflege-Mitarbeiter in vielfältiger Hinsicht weniger eine Bürde für das Unternehmen als vielmehr ein Aktivposten, den es zu erhalten und zu nutzen gilt." Dieses Resümee ziehen Berger/Zimber (2006) aus dem EQUAL-Modellprojekt „Alter(n)sgerechte Arbeitsplätze in der Altenpflege". Danach verfügen ältere Pflegekräfte über Kompetenzen und Ressourcen, die gerade in einer kundenorientierten Altenpflege für den Unternehmenserfolg von hoher Bedeutung sind. Die nachfolgend aufgezählten Charakteristika älterer Mitarbeiter sind exemplarisch für die Altenpflege – sie sind aufgrund der vergleichbaren Rahmenbedingungen jedoch auch auf andere Pflegebereiche übertragbar. Sie verdeutlichen zudem, dass die bislang noch häufig anzutreffende ausschließliche Fokussierung auf die Defizite älterer Mitarbeiter nicht berechtigt ist.

Ältere Mitarbeiter

- geben keineswegs eine größere Unzufriedenheit mit ihrer Arbeit, mit ihrem Arbeitsplatz oder eine ausgeprägtere Berufsmüdigkeit zu Protokoll,
- empfinden ihr Verhältnis zu Haus- und Pflegedienstleitung deutlich positiver („entspannter") als ihre jüngeren Kollegen,
- identifizieren sich stärker mit „ihrer" Einrichtung,
- zeigen eine geringere Fluktuationsneigung,
- zeigen (nach eigenen Angaben) eine Fortbildungsbeteiligung, die erst in der Altersgruppe der über 60-Jährigen markant zurückgeht,
- scheinen sich den Pflegebedürftigen emotional stärker zuzuwenden und empfinden dann stärker, dass wiederum etwas zu ihnen zurückkommt,
- können den drohenden Burnout-Gefährdungen (emotionale Erschöpfung, nachlassende Arbeitsfreude, aversive Empfindungen gegen Pflegebedürftige) eher mehr entgegensetzen als jüngere Kollegen und
- sind insgesamt von der psychischen Beanspruchung im Pflegeberuf nicht stärker betroffen als ihre jüngeren Kollegen. In körperlicher Hinsicht fühlen sich ältere Mitarbeiter stärker beansprucht, was jedoch durch eine günstige Arbeitssituation zumindest teilweise ausgeglichen werden kann.

Diese Kompetenzen und Ressourcen gilt es künftig verstärkt zu nutzen, um die Folgen des demografischen Wandels auf die Beschäftigten in Pflegeberufen abzumildern.

Literatur

Beermann, B. (2008):
Nacht- und Schichtarbeit – ein Problem der Vergangenheit? Fachbeitrag der Bundesanstalt für Arbeitsschutz und Arbeitsmedizin. Berlin/Dortmund

Berger, G./Zimber, A. (2006):
Ältere Mitarbeiter/innen: Wege zu einer alter(n)sgerechten Arbeitssituation. In: Berger, G./Zimber, A. (Hg.): Erfolgsfaktor Gesundheit. Handbuch zum betrieblichen Gesundheitsmanagement. Hannover, S. 123–139

Berger, A. M./Hobbs, B. B. (2006):
Impact of Shift Work on the Health and Safety of Nurses and Patients. In: Clinical Journal of Oncology Nursing 2006/4, S. 465–471

BIBB/BAuA (2007):
Erwerbstätigenbefragung 2005/2006. Pflegende schleppen mehr als Bauarbeiter. Pressemitteilung der Bundesanstalt für Arbeitsschutz und Arbeitsmedizin vom 14.11.2007. Online verfügbar unter: http://idw-online.de/pages/de/news235397 (letzter Zugriff am 15.09.2010)

Braun, B./Klinke, S./Müller, R. (2010):
Auswirkungen des DRG-Systems auf die Arbeitssituation im Pflegebereich von Akutkrankenhäusern. In: Pflege & Gesellschaft 2010/1, S. 5–19

Büssing, A./Giesenbauer, B./Glaser, J./Höge, Th. (2000):
Ambulante Pflege: Arbeitsorganisation, Anforderungen und Belastungen. Eine Pilotstudie mit Erfahrungsberichten. Schriftenreihe der Bundesanstalt für Arbeitsschutz und Arbeitsmedizin: Forschungsbericht, Fb 902, Bremerhaven

Büssing, A./Glaser, J./Höge, Th. (2005):
Belastungsscreening in der ambulanten Pflege. Schriftenreihe der Bundesanstalt für Arbeitsschutz und Arbeitsmedizin: Forschungsbericht, Fb 1048. Bremerhaven

Büssing, A./Höge, Th. (2004):
Aggression and violence against home care workers. In: J Occup Health Psychol 2004/3, S. 206–219

Estryn-Behar, M./le Nézet, O./Laine, M./Pokorski, J./Caillard, J.-F. (2005): Körperliche Belastungen bei Pflegepersonal. In: Hasselhorn, H.-M./Müller, B. H./Tackenberg, P./Kümmerling, A./Simon, M. (Hg.): Berufsausstieg bei Pflegepersonal. Arbeitsbedingungen und beabsichtigter Berufsausstieg bei Pflegepersonal in Deutschland und Europa. Schriftenreihe der Bundesanstalt für Arbeitsschutz und Arbeitsmedizin – Ü 15. Dortmund/Berlin/Dresden, S. 101–108

Franz, S./Zeh, A./Schablon, A./Kuhnert, S./Nienhaus, A. (2010): Aggression and violence against health care workers in Germany – a cross sectional retrospective survey. In: BMC Health Services Research 2010/10, S. 51

Freitag, S./Ellegast, R./Dulon, M./Nienhaus, A. (2007): Quantitative Measurement of Stressful Trunk Postures in Nursing Professions. In: The Annals of Occupational Hygiene 2007/4, S. 385–395

Glaser, J./Höge, Th. (2005): Spezifische Anforderungen und Belastungen personenbezogener Krankenhausarbeit. In: Badura, B./Schellschmidt, H./Vetter, C. (Hg.): Fehlzeiten-Report 2004. Berlin/Heidelberg, S. 51–64

Gregersen, S. (2005): Gesundheitsrisiken in ambulanten Pflegediensten. In: Badura, B./Schellschmidt, H./Vetter, C. (Hg.): Fehlzeiten-Report 2004. Berlin/Heidelberg, S. 183–202

Hasselhorn, H.-M./Müller, Bernd H. (2005): Arbeitsbelastung und -beanspruchung bei Pflegepersonal in Europa – Ergebnisse der NEXT-Studie. In: Badura, B./Schellschmidt, H./Vetter, C. (Hg.): Fehlzeiten-Report 2004. Berlin/Heidelberg, S. 21–50

Hien, W. (2009): Pflegen bis 67? Die gesundheitliche Situation älterer Pflegekräfte. Frankfurt am Main, S. 9–19

Isfort, M./Weidner, F. (2010): Pflegethermometer 2009. Eine bundesweite Befragung von Pflegekräften zur Situation der Pflege und Patientenversorgung im Krankenhaus. Hrsg. vom Deutschen Institut für angewandte Pflegeforschung e. V. (dip).

Köln. Online verfügbar unter: http://www.dip.de (letzter Zugriff am 30.07.2010)

Ketelsen, R./Zechert, C./Driessen, M./Schulz, M. (2007):
Characteristics of aggression in a German psychiatric hospital and predictors of patients at risk. In: J Psychiatr Ment Health Nurs 2007/1, S. 92–99

Nowak, A./Haufe, E./Ritter-Lempp, K. (2007):
Belastung und Beanspruchung in der Altenpflege und Konsequenzen für die Aus- und Fortbildung. In: Arbeitsmedizin Sozialmedizin Umweltmedizin 2007/7, S. 386–394

Simon, M./Tackenberg, P./Hasselhorn, H.-M./Kümmerling, A./Büscher, A./ Müller, B. H. (2005):
Auswertung der ersten Befragung der NEXT-Studie in Deutschland. Wuppertal. Online verfügbar unter: http://www.next.uni-wuppertal.de (letzter Zugriff am 30.07.2010)

Simon, M./Tackenberg, P./Nienhaus, A./Estryn-Behar, M./Conway, P.-M./ Hasselhorn, H.-M. (2008):
Back or neck-pain-related disability of nursing staff in hospitals, nursing homes and home care in seven countries – results from the European NEXT-Study. In: International Journal of Nursing Studies 2008/1, S. 24–34

Stadler, P./Endrich, A./Suchta, C. (2007):
Psychische Fehlbelastungen in der stationären Altenpflege und Möglichkeiten der Prävention. In: Arbeitsmedizin Sozialmedizin Umweltmedizin 2007/5, S. 282–290

Zimber, A./Albrecht, Anja/W., Siegfried (2000):
Die Beanspruchungssituation in der stationären Altenpflege. In: Pflege aktuell 2000/5, S. 272–275

Zeh, A./Schablon, A./Wohlert, C./Richter, D./Nienhaus, A. (2009):
Gewalt und Aggression in Pflege- und Betreuungsberufen – Ein Literaturüberblick. In: Gesundheitswesen 2009/08/09, S. 449–459

Anforderungen und Belastungen in der teilstationären psychiatrischen Pflege – Bezüge zur Employability älterer Beschäftigter

Nicole Stab, Winfried Hacker

1. Anforderungsentwicklung am Beispiel der psychiatrischen Pflege

Kern der psychiatrischen Versorgung ist eine Therapie, die die Patienten befähigt, außerhalb stationärer Einrichtungen ihr Leben weitestgehend selbstständig zu gestalten, sie also wieder in die Gesellschaft einzugliedern. Folglich liegt in der Psychiatrie ein Pflegeansatz mit starker Therapieorientierung vor, der hohen Personalbedarf erfordert. Es wird von einem mehrdimensionalen Krankheitskonzept ausgegangen, welches somatisch/hirnorganische, psychisch/biografische sowie soziale Dimensionen berücksichtigt. Nicht nur die pflegerischen Tätigkeiten im engeren Sinne, sondern vor allem therapeutische Tätigkeiten spielen die Hauptrolle in der psychiatrischen Pflege. In der Jugendpsychiatrie kommt der Erziehungsaspekt hinzu. Es wird also deutlich, dass neben der allgemeinen (z. B. Mobilisation, Vitalzeichenkontrolle) und speziellen Pflege (z. B. Blutentnahmen, Medikamentengabe) vor allem eine beständige therapeutische Zuwendung und dadurch eine erhöhte Betreuungsintensität Hauptgegenstand der psychiatrischen Pflege sind und diese von der somatischen Pflege unterscheiden (vgl. Kunze/Kaltenbach 2005).

2. Teilstationäre psychiatrische Versorgung in Deutschland

Bereits im Jahr 2005 wurden laut Statistischem Bundesamt ca. 19.000 Pflegebedürftige teilstationär versorgt (vgl. Statistisches Bundesamt 2007). Für die nächsten Jahre ist davon auszugehen, dass die teilstationäre Pflege eine zunehmende Rolle in der Versorgung einnehmen wird. Da die ambulante Versorgung den Vorrang vor der stationären hat, werden sich Kliniken und stationäre Einrichtungen stärker für ambulante Leistungen öffnen und zugleich eine bessere

Integration von Versorgungsstrukturen gewährleisten müssen. Beim Übergang zwischen vollstationärer und häuslicher Pflege wird dann die teilstationäre Pflege eine zunehmend wichtigere Rolle spielen. Man versteht darunter eine Krankenhausleistung, die eine regelmäßige Verweildauer im Krankenhaus von weniger als 24 Stunden umfasst, vorwiegend angeboten in einer Tages- oder Nachtklinik. Die Patienten verbringen dort den entsprechenden Tagesabschnitt, die restliche Zeit aber außerhalb des Krankenhauses.

Die Tagesklinik als Hauptform der teilstationären psychiatrischen Versorgung dient „[...] zur Behandlung vorwiegend akut oder subakut psychisch Kranker mit ausreichend stabilem sozialen Hintergrund, die sich für eine begrenzte Zeit nur tagsüber dort aufhalten, während sie den Abend und die Nacht im gewohnten häuslichen Milieu verbringen. Der Tagesablauf ist durch ein therapeutisches Programm gegliedert, das die verschiedenen Behandlungsformen (Beschäftigungstherapie, Arbeitstherapie, therapeutische Gruppenarbeit usw.) strukturiert und die soziale Umwelt der Patienten gezielt miteinbezieht" (Sachverständigen-Kommission der Bundesregierung 1975, S. 222).

3. Fragestellungen und methodisches Vorgehen

3.1 Fragestellungen

Es kann nur ein einziger arbeitswissenschaftlicher Befund in Bezug auf die psychiatrische Tagesklinik ermittelt werden. Dieser stammt aus den 70er Jahren von der Forschergruppe um Benett (1976) und belegt sehr hohe Arbeitszufriedenheitswerte der Mitarbeiter in Tageskliniken. Von Interesse ist, ob sich die Befunde von Benett und Kollegen auf die gegenwärtige Situation in psychiatrischen Tageskliniken übertragen lassen. Dabei wird in der vorliegenden Untersuchung zunächst lediglich die Gruppe der unmittelbar an der Pflege Beteiligten betrachtet. In Analogie zu den Fragestellungen einer Gefährdungsbeurteilung soll deshalb überprüft werden:

1. Welche Tätigkeitsanforderungen ergeben sich aus der arbeitsorganisatorischen Gestaltung psychiatrischer Tageskliniken?
2. Welche Belastungen wirken in psychiatrischen Tageskliniken auf die Beschäftigten ein?
3. Welche Folgen im Sinne von Fehlbeanspruchungen und Beschwerden ziehen diese Belastungen nach sich?

3.2 Methodisches Vorgehen

Stichprobenbeschreibung

Insgesamt wurden 20 psychiatrische Tageskliniken in die Analyse einbezogen. Alle Tageskliniken waren an ein Krankenhaus angegliedert, wobei im Mittel einem Krankenhaus zwei psychiatrische Tageskliniken zugeordnet werden konnten.

Zwölf der untersuchten psychiatrischen Tageskliniken (60,0 Prozent) gehörten zum Fachgebiet der Allgemeinen Psychiatrie, zwei Tageskliniken (10,0 Prozent) zum Fachgebiet Psychosomatik und sechs Tageskliniken (30,0 Prozent) zum Fachgebiet Kinder- und Jugendpsychiatrie. Die Tageskliniken wiesen zum Untersuchungszeitpunkt im Mittel 16,5 Plätze (Standardabweichung (SD) = 5,5) auf. Außerdem waren in jeder Tagesklinik durchschnittlich 3,5 Pflegende (SD = 1,6) beschäftigt.

Außerdem nahmen an der Untersuchung insgesamt 77 Beschäftigte psychiatrischer Tageskliniken teil. 90,7 Prozent der Befragten sind weiblich. Dazu gehören 45 Krankenschwestern/-pfleger, 14 Fachkrankenschwestern/-pfleger, fünf Kinderkrankenschwestern, vier Heilerziehungspfleger/-innen, zwei Ergotherapeuten, zwei Erzieherinnen und eine Betreuungsassistentin. Bei sechs Befragten können aufgrund fehlender Angaben keine Aussagen zur Qualifikation getätigt werden. 24,7 Prozent der Befragten waren zum Untersuchungszeitpunkt zwischen 21 und 35 Jahre alt. Über die Hälfte der Probanden (55,8 Prozent) gab an, zwischen 36 und 50 Jahren alt zu sein; 19,5 Prozent waren älter als 50 Jahre.

Datenerhebung

Zunächst wurde in 21 psychiatrischen Tageskliniken in Sachsen eine Erhebung zu vorherrschenden arbeitsorganisatorischen Bedingungen durchgeführt. Deshalb kam die „Checkliste zur Erfassung organisatorischer Gegebenheiten in der teilstationären psychiatrischen Pflege“ (Rakoczy 2009) zum Einsatz. In der Checkliste wurden die pflegerischen Leitungen zu organisatorischen Aspekten (z. B. Dienstplangestaltung, Informationsfluss) der psychiatrischen Tageskliniken erfragt. In zehn Tageskliniken fand eine Wiederholungsmessung nach sechs Wochen statt, um die Stabilität der Daten zu prüfen.

Die beschäftigten Pflegenden der in die Untersuchung einbezogenen Einrichtungen wurden zudem gebeten, einen Fragebogen zur Erfassung der Qualität ihres

Arbeitserlebens[1] sowie zur Erfassung von Auswirkungsparametern (Emotionale Erschöpfung; vgl. Hacker/Reinhold 1999; SF-12; Bullinger/Kirchberger 1998) der Arbeit in der teilstationären psychiatrischen Pflege zu beantworten. 30 von insgesamt 77 Personen konnten für eine wiederholte Befragung nach zwei Monaten gewonnen werden.

4. Ergebnisse

Nachfolgend werden zunächst die einzelnen Ergebnisse der Studie dargestellt und beschrieben. Im Kapitel 5 werden die Ergebnisse dann zusammengefasst, in Bezug auf die Thematik „ältere Belegschaften" bewertet und Handlungsempfehlungen abgeleitet.

4.1 Arbeitsorganisation in psychiatrischen Tageskliniken

Im Rahmen der Befragung der leitenden Pflegenden zu arbeitsorganisatorischen Gegebenheiten in psychiatrischen Tageskliniken in Sachsen wurden insgesamt 108 Einzelmerkmale erhoben. Die Einzelmerkmale wurden inhaltlich den elf Merkmalskomplexen „Dienstplangestaltung", „Pflegesystem", „Pflegeprozess", „Tätigkeitsbezogene Informationen", „Planbarkeit der Arbeit", „Informationsfluss", „Zuständigkeiten", „Wechselseitige Unterstützung", „Zusammenarbeit mit anderen Diensten" und „Beteiligung der Mitarbeiter" zugeordnet.

Die befragten leitenden Pflegenden bewerten die arbeitsorganisatorischen Gegebenheiten der untersuchten psychiatrischen Tageskliniken insgesamt über alle elf Merkmalskomplexe betrachtet als gut gestaltet. Außer im Merkmalskomplex „Pflegesystem" sind in allen Merkmalskomplexen Mediane im Bereich guter bis optimaler Gestaltung zu finden. Im Merkmalskomplex „Pflegesystem" werden zu beiden Messzeitpunkten akzeptable Einschätzungen erreicht. Es wird des Weiteren deutlich, dass von einer hohen Stabilität ($r_s = .786$, $p<.01$) der Messwerte ausgegangen werden kann.

Die arbeitsorganisatorischen Gegebenheiten psychiatrischer Tageskliniken sind im Mittel als gut gestaltet zu bewerten. Die Pflegenden haben hohe Freiheitsgrade und Handlungs- und Entscheidungsspielräume. Gearbeitet wird immer

[1] Checkliste zur Erfassung des Arbeitserlebens in der teilstationären psychiatrischen Pflege (Rakoczy 2009).

im multiprofessionellen Team. Aufgrund der Größe des Teams scheinen Informationsdefizite gering zu sein. Die Pflegenden werden im teilstationären Bereich häufiger als beispielsweise in der stationären Pflege in die Visite eingebunden und nehmen auch aktiv an der Visite teil (beraten Ärzte zu pflegerischen Gesichtspunkten; vgl. Stab 2009). Informationen von Ärzten und Therapeuten werden in der Regel an die Pflegenden weitergegeben. Außerdem scheinen Beteiligungsmöglichkeiten wie in der stationären Pflege durch die Größe des Teams nicht von Relevanz zu sein. In einem derartig kleinen Team werden die Aufgaben untereinander aufgeteilt, Absprachen erfolgen in der Regel informell, Entscheidungen werden gemeinsam besprochen.

4.2 Gesundheitszustand, Arbeitserleben und Beanspruchung der Beschäftigten in psychiatrischen Tageskliniken

Arbeitserleben und tätigkeitsspezifische Beanspruchung

Die beschäftigten Pflegenden der psychiatrischen Tageskliniken wurden gefragt, wie sie verschiedene Merkmale ihrer Arbeit erleben. Antwortmöglichkeiten reichen von „nicht vorhanden“ über „eher nicht vorhanden“ und „eher vorhanden“ bis „vorhanden“. Die Einzelmerkmale wurden mittels der statistischen Methode der Faktorenanalyse zu den sechs Faktoren „Befugnisse und Zuständigkeiten“, „Patientenorientierung der Teamarbeit“, „Verantwortung und Handlungsspielraum“, „Lernmöglichkeiten bei der Arbeit“, „Möglichkeiten der Entlastung“ und „Einflussmöglichkeiten bei der Arbeit“ zusammengefasst.

Die Pflegenden in psychiatrischen Tageskliniken erleben Befugnisse und Zuständigkeiten, die Patientenorientierung der Teamarbeit, Verantwortung und Handlungsspielraum, Lernmöglichkeiten bei der Arbeit und Möglichkeiten der Entlastung bei ihrer Arbeit als eher vorhanden. Der Faktor „Einflussmöglichkeiten bei der Arbeit“ wird von den Beschäftigten vergleichsweise ungünstiger eingeschätzt und liegt zwischen einer Bewertung der Pflegenden von „eher vorhanden“ und „eher nicht vorhanden“.

Des Weiteren wurden die Pflegenden gefragt, inwieweit sie die eingeschätzten Merkmale der Arbeit als Fehlbeanspruchung wahrnehmen. Die Antworten zur Einstufung der Beanspruchung sind ebenfalls vorgegeben und umfassen die Kategorien „keine“ Fehlbeanspruchung wahrgenommen sowie „wenig“, „mittel“ und „stark“ wahrgenommene Fehlbeanspruchung. Die Einzelmerkmale wurden auch hier wieder zu Faktoren zusammengefasst, wobei dieselbe Faktorenstruktur wie beim Arbeitserleben genutzt wurde. Es ergeben sich für alle sechs Faktoren Einschätzungen, dass sich die Pflegenden durch die Merkmale der Arbeit „wenig" fehlbeansprucht fühlen.

Die Pflegenden erleben ihre Tätigkeit insgesamt als gut gestaltet und fühlen sich durch die Tätigkeit wenig beansprucht. Der Faktor „Einflussmöglichkeiten" wird im Mittel geringfügig ungünstiger eingeschätzt. Dieser liegt zwischen einer Bewertung der Pflegenden von „eher vorhanden" und „eher nicht vorhanden". Betrachtet man jedoch dazu den entsprechenden Faktor des tätigkeitsspezifischen Beanspruchungserlebens, so können keine kritischen Werte ermittelt werden.

Emotionale Erschöpfung, physischer und psychischer Gesundheitszustand

Empirische Befunde zeigen, dass vor allem die emotionale Erschöpfung eine zentrale Rolle bei der Entwicklung von Burnout spielt. Zahlreiche Studien bestätigen, dass emotionale Erschöpfung hauptsächlich durch hohe Arbeitsbelastungen bzw. ungünstige Arbeitsbedingungen ausgelöst wird (vgl. Dawiskiba,/Röttger u. a. 2006; Neubach/Schmidt 2004). Zur Darstellung der emotionalen Erschöpfung wurde eine Typisierung vorgenommen. Die Befragten wurden den Gruppen „kritische", „neutrale" und „unkritische" Ausprägung emotionaler Erschöpfung zugeordnet (vgl. BHD-System, Hacker/Reinhold 1999). Der Anteil der beschäftigten Pflegenden mit Ausprägungen kritischer emotionaler Erschöpfung beträgt zum ersten Messzeitpunkt 9,7 Prozent und zum zweiten Messzeitpunkt 14,8 Prozent, während der Anteil Pflegender, die sich im Neutralbereich befinden, bei 52,8 Prozent zum ersten Messzeitpunkt bzw. bei 63,0 Prozent zum zweiten Messzeitpunkt liegt. Der Anteil Beschäftigter mit unkritischer bzw. keiner emotionaler Erschöpfung beträgt zum ersten Messzeitpunkt 37,5 Prozent und zum zweiten Messzeitpunkt 22,2 Prozent (vgl. Abb. 6).

Hinsichtlich der emotionalen Erschöpfung kann ein vergleichsweise geringer Anteil kritischer Ausprägungen gefunden werden (ca. 10,0 Prozent). Hacker und Reinhold (1999) zufolge liegt der Anteil kritischer Ausprägungen in der nichtpflegenden Bevölkerung bei ca. 10 Prozent. Im Rahmen von Studien in der stationären Pflege wird ein höherer Anteil kritischer Ausprägungsgraden emotionaler Erschöpfung nachgewiesen (vgl. Stab 2009).

Der körperliche Gesundheitszustand der befragten Pflegenden liegt im Vergleich zur deutschen Normstichprobe bei 84,4 Prozent (t1) bzw. 82,2 Prozent (t2) im Normbereich. Weichen der psychische und der körperliche Gesundheitszustand vom Normbereich der deutschen Normstichprobe ab, so werden die Abweichungen als unterdurchschnittliche bzw. überdurchschnittliche Ausprägungen bezeichnet. Unterdurchschnittliche Werte gehen mit einem schlechten physischen und psychischen Gesundheitszustand einher, während überdurchschnittliche Werte einen guten physischen und psychischen Gesundheitszustand widerspiegeln. Knapp 8 Prozent (t1) bzw. 14 Prozent (t2) der Pflegenden weisen unterdurchschnittliche und 7,8 Prozent (t1) bzw. 3,4 Prozent (t2) weisen überdurchschnittliche Werte im körperlichen Gesundheitszustand auf. 90,5 Prozent (t1) bzw. 79,3 Prozent (t2) der beschäftigten Pflegenden liegen hinsichtlich des psychischen Gesundheitszustands im Normbereich der deutschen Normstichprobe, während 9,5 Prozent (t1) bzw. 20,7 Prozent (t2) der Befragten unterdurchschnittliche Werte im psychischen Gesundheitszustand aufweisen. Der erlebte körperliche und psychische Gesundheitszustand der befragten Pflegenden liegt im Mittel im Vergleich zur deutschen Normstichprobe im durchschnittlichen Bereich.

4.3 Zusammenhänge zwischen Merkmalen der Organisation, des Arbeitserlebens und der wahrgenommenen Beanspruchung

Die Einschätzung der Arbeitsorganisation durch die Einrichtungsleiter und das Erleben der Mitarbeiter stimmen weitgehend überein. Die Mitarbeiter erleben insbesondere folgende Tätigkeitsmerkmale als gut gestaltet und entlastend[2]:

- Aspekte der Dienstplangestaltung (Möglichkeit des flexiblen Einsatzes von Teilzeitkräften, eine langfristige Ausgabe des Dienstplans an die Mitarbeiter, die Planung von mehr Personal bei hoher Arbeitsintensität),
- Aspekte, die sich auf die Aufnahme und Weitergabe von arbeitsrelevanten Informationen beziehen (Teilnahme der Pflegenden an der Visite, Dokumentation und Auswertung der Visite durch die Pflegenden, regelmäßige Übergabe von Informationen, die Weitergabe von Informationen durch Ärzte und/oder Therapeuten, die Beteiligung an Patientenaufnahmegesprächen),
- Aspekte der Planbarkeit der Arbeit (Existenz von Vorkehrungen gegen Arbeitshäufungen sowie -unterbrechungen, regelmäßige Pausen) sowie
- Aspekte, die auf Zuständigkeiten und die Verteilung von Arbeitsaufgaben zielen (selbstständige Entscheidungsmöglichkeiten der Pflegenden in Bezug auf

2 Es werden nur Zusammenhänge abgebildet, die eine Korrelation von >.40 aufweisen. Es handelt sich hierbei um Korrelationen mittlerer bis großer Effektstärke.

die Mobilisation von Patienten, selbstständige Entscheidungsmöglichkeiten der Pflegenden bei Problemen),

- Aspekte, die sich auf die Inhalte der Teamberatungen beziehen (Beratung zu Urlaubsregelungen, Vertretungen und Ankündigungen, Leistungsrückmeldungen als Bestandteil der Teamberatungen, die Existenz von Protokollen zum Nachlesen für Abwesende),
- die Möglichkeit, Konflikte und Sorgen der Patienten zu bearbeiten,
- Aspekte, die sich auf eine reibungslose Zusammenarbeit mit dem ärztlichen Dienst beziehen,
- Aspekte der Mitarbeiterpartizipation und Existenz von Supervision.

Im Gegensatz dazu erleben die untersuchten Pflegenden psychiatrischer Tageskliniken die Teilnahmeverpflichtung an Therapien als fehlbeanspruchend. Außerdem besteht ein Zusammenhang mittlerer bis großer Effektstärke zwischen dem Arbeitserleben und der emotionalen Erschöpfung (r_s = .43 bis .69, $p<.01$) der Mitarbeiter. Die vorhandene emotionale Erschöpfung beeinflusst das Erleben der Arbeit der Pflegenden nachhaltig (cross-lagged panel design).

Die Ergebnisse zeigen, dass Merkmale der Arbeitsorganisation mit dem Arbeitserleben und der emotionalen Erschöpfung in Zusammenhang stehen und dementsprechend die Gestaltung der Tätigkeit von hoher Relevanz ist und auch aufgrund der positiven Darstellung der arbeitsorganisatorischen Gegebenheiten in psychiatrischen Tageskliniken in dieser Untersuchung nicht vernachlässigt werden darf. Besonders die Existenz von Supervisionen, aber auch die Möglichkeit der Beteiligung an der ärztlichen Visite scheint das Arbeitserleben positiv zu beeinflussen. Ein kausaler Zusammenhang kann jedoch aufgrund der zu kleinen Stichprobe nicht nachgewiesen werden. Weitere Untersuchungen erscheinen erforderlich.

5. Handlungsempfehlungen für die teilstationäre psychiatrische Pflege

Zur Ableitung von Handlungsempfehlungen werden diejenigen Aspekte der Untersuchung herangezogen, die sich als maßgebend herausgestellt haben: Es sollte sichergestellt werden, dass mit dem Einsatz von Teilzeitkräften Arbeitsspitzen abgedeckt werden. Günstig ist es außerdem, wenn das gesamte Pflegeteam an Visiten teilnimmt, sodass alle Pflegenden denselben Informationsstand bzgl. der

Patienten haben. Ratsam ist gleichermaßen, die Arbeit so zu gestalten, dass die Abläufe vorhersehbar sind; dazu gehört auch, dass Pausen störungsfrei abgehalten werden können. Empfehlenswert ist es zudem, zu gewährleisten, dass der Informationsfluss sichergestellt wird und die Kooperation mit anderen Diensten störungsfrei verläuft. Praktisch bedeutet dies u. a., dass Informationen seitens der Psychologen, Ärzte und Therapeuten weitergeleitet werden, dass es feste Regelungen zur Informationsweitergabe gibt und regelmäßige Teamberatungen stattfinden. Beide Gesichtspunkte der Organisationsgestaltung können bewirken, dass die Arbeit von den Pflegenden als durchschaubar erlebt wird. Supervisionen sollten außerdem zu einem festen Bestandteil der Arbeit in psychiatrischen Tageskliniken werden. Weiterhin sollte darauf geachtet werden, dass den Pflegenden ausreichend Einfluss- und Entscheidungsmöglichkeiten zugestanden werden. Ebenso sind Möglichkeiten des teilnehmenden Umgangs mit den Patienten ein wichtiger Bestandteil der Arbeit in teilstationären psychiatrischen Einrichtungen. Den Pflegenden sollte Zeit zugestanden werden, Konflikte und Sorgen der Patienten gemeinsam mit ihnen bearbeiten zu können.

Das Arbeitsfeld psychiatrische Tagesklinik erscheint insbesondere für den Einsatz älterer Arbeitnehmer geeignet zu sein. Jedoch waren nur knapp ein Fünftel der untersuchten Beschäftigten älter als 50 Jahre. Im Bedarfsfall könnten somit ältere Arbeitnehmer vom stationären in den teilstationären Bereich umgesetzt werden.

Für ältere Beschäftigte ergeben sich hinsichtlich der identifizierten Belastungsfaktoren grundsätzlich günstige Beschäftigungsbedingungen. Beispielsweise ist die Schichtproblematik, die der Pflegeberuf in der Regel mit sich bringt, in der tagesklinischen Versorgung nicht vorhanden. Außerdem wird die Arbeit in psychiatrischen Tageskliniken in kleinen Teams mit hohen Entscheidungs- und Handlungsfreiheiten organisiert. Ältere Arbeitnehmer können ihr erworbenes Wissen insbesondere in altersgemischten Pflegeteams optimal einbringen. Es ist zudem erkennbar, dass die untersuchten über 50-Jährigen in psychiatrischen Tageskliniken im Vergleich zu anderen Pflegesegmenten geringe Fehlbeanspruchungsfolgen aufweisen. Die emotionale Erschöpfung, aber auch der physische und psychische Gesundheitszustand wird seitens der Pflegenden vorwiegend als unkritisch eingeschätzt. Außerdem können für ältere Pflegende keine signifikanten Unterschiede im Erleben der Arbeit als auch in der wahrgenommenen Beanspruchung im Vergleich zu ihren jüngeren Kollegen gefunden werden.

Literatur

Bennett, D.C./Fox, T./Jowell, A./Skynner, C.R. (1976):
Towards a family approach in a psychiatric day hospital. British Journal of Psychiatry, Nr. 129, S. 73–81

Bullinger, M./Kirchberger, I. (1998):
SF-36. Fragebogen zum Gesundheitszustand. Handanweisung. Göttingen

Dawiskiba, J./Röttger, S./Weigl, M. (2006):
Zusammenhänge zwischen Belastungen, Ressourcen und Burnout bei der Pflege von Demenzpatienten in Seniorenwohngemeinschaften. Poster auf der Tagung der Deutschen Gesellschaft für Psychologie am 20.09.2006. Nürnberg

Elkeles, T. (1993):
Arbeitsorganisation in der Krankenpflege: zur Kritik zur Funktionspflege. Frankfurt

Fichter, V./Meier, M. (1988):
Pflegeplanung. Basel

Glaser, J. (1997):
Aufgabenanalyse in der Krankenpflege. Eine psychologische Analyse und Bewertung pflegerischer Aufgaben. Münster

Hacker, W. (2005):
Allgemeine Arbeitspsychologie. Bern

Hacker, W./Reinhold, S. (1999):
Beanspruchungsscreening bei Humandienstleistungen: BHD-System. Frankfurt/M.

Kunze, H./Kaltenbach, L. (2005):
Psychiatrie-Personalverordnung. 5. Auflage. Stuttgart

Neubach, B./Schmidt, K. H. (2004):
Differenzielle Zusammenhänge von Arbeitsbelastungen und Ressourcen mit Dimensionen des Burnout. In: A & O, Nr. 48, S. 25–30

Rakoczy, F. (2009):
Belastung und Beanspruchung bei Pflegetätigkeiten in der teilstationären psychiatrischen Pflege. Unveröffentlichte Diplomarbeit. Dresden: Technische Universität Dresden

Sachverständigen-Kommission der Bundesregierung (1975):
Enquête über die Lage der Psychiatrie in der BRD: Schlußbericht der Sachverständigen-Kommission. Bundesdrucksache 7/4200

Stab, N. (2009):
Form und Wirkung der Arbeitsorganisation in der stationären Pflege. Erfahrungen für die Praxis. Saarbrücken

Statistisches Bundesamt Wiesbaden (2009):
Pflegestatistik 2007. Pflege im Rahmen der Pflegeversicherung. Deutschlandergebnisse. Online verfügbar unter: http://www.ec.destatis.de/csp/shop/sfg/bpm.html.cms.cBroker.cls?cmspath=struktur,vollanzeige.csp&ID=1023651 (letzter Zugriff am 08.08.2008)

Wie sind die Unternehmen der Gesundheitswirtschaft auf den demografischen Wandel vorbereitet? Thesen zur Skizzierung der aktuellen Situation in der Pflege

Franz Wagner

1. Alternde Pflegekräfte pflegen älter werdende Menschen

Wer wird zukünftig ältere, pflegebedürftige und kranke Menschen pflegen, wenn die Jungen immer weniger werden und der Personalmangel in den Pflegeberufen immer größer wird? Steigender Bedarf an pflegerischer Versorgung ist diagnostiziert und – in Deutschland stark verzögert – als Teil der demografischen Veränderungen und damit als Herausforderung identifiziert worden. Seit mehr als zehn Jahren wird – häufig kaum wahrgenommen – über die Probleme des Arbeitsmarktes für Pflegeberufe diskutiert.

Die Probleme und Frustrationen sind für Pflegende aller Altersgruppen zu einem großen Teil identisch. Sie resultieren meist nicht aus der Logik des Pflegeberufes mit seinen besonderen Anforderungen, sondern daraus, welche Arbeitsbedingungen geboten werden und wie kompetent von Seiten des Unternehmens (dem Management) geführt wird.

Das Durchschnittsalter der Berufstätigen in Deutschland steigt kontinuierlich an. In den Gesundheitsberufen waren schon 2006 mehr als 1 Million Erwerbstätige älter als 50 Jahre – Tendenz steigend (vgl. Statistisches Bundesamt 2008). Viele Mitarbeiter in den Pflegeberufen arbeiten nicht bis zum Eintritt des gesetzlichen Rentenalters. Sie steigen schon viel früher aus, kehren nach der Familienphase nicht zurück oder verkraften wegen der hohen physischen und psychischen Belastung die Berufstätigkeit nicht mehr. In der Vergangenheit wurden für die wenigen älteren Mitarbeiter in der Pflege Nischen gefunden (z. B. Sterilisationsabteilung, Patientenaufnahme). Diese Nischen gibt es heute nicht mehr, und der steigenden Zahl älterer Pflegender würde dies sowieso nicht genügen. Es gibt also ein Problem.

2. Bei Arbeitgebern fehlt es bislang am Umdenken

Doch noch sind Lösungen im beruflichen Alltag rar. Zu sehr steckt in den Köpfen aller Beteiligten die irrige Vorstellung von der abnehmenden Leistungsfähigkeit ab 50 Jahren und vom Ruhestand mit etwa 60 Jahren. Energien (und Förderung) wurden mehr in einen problemlosen (und vorzeitigen) Übergang in den Ruhestand gesteckt, als in die Arbeitsbedingungen älterer Mitarbeiter. Der Wandel vom Mangel an Arbeitsplätzen zum Mangel an Fachkräften geht zu schnell und ist ein Paradigmenwechsel, der manche überfordert. Vermutlich steckt auch noch das Stereotyp in den Köpfen, dass im Frauenberuf „Pflege" der Ausstieg aus dem Beruf traditionell nach wenigen Jahren erfolgt. Jüngere Untersuchungen haben gezeigt, dass die Verweildauer im Beruf größer ist als gedacht und auch die oben zitierte Statistik belegt, dass durchaus und wohl immer mehr Mitarbeiter in der Pflege den Beruf weit jenseits der 30 ausüben.

Bei den Arbeitgebern fehlte es bisher weitgehend am erforderlichen Umdenken und an der notwendigen Flexibilität, um adäquate Angebote zur Erhöhung der Beschäftigungsfähigkeit der Mitarbeiter zu entwickeln. Ein ähnliches Muster hat sich bei dem letzten großen Personalmangel in der Pflege Ende der 1980er Jahre gezeigt. Mühsam erkannte man damals, dass etwas getan werden müsse, um Mitarbeiter nach der Familienpause zurückzugewinnen. Das führte zu etwas flexibleren Arbeitszeitmodellen, Angeboten für Kinderbetreuung und Auffrischungskursen für die Wiedereinsteiger. All das mit unterschiedlicher Konsequenz und wechselndem Erfolg. So musste zum Beispiel ein Angebot für Kinderbetreuung scheitern, wenn der Dienstbeginn um 6.00 oder 6.30 Uhr lag, der Kindergarten aber erst um 7.30 Uhr öffnete.

3. Strategien zur Personalgewinnung und -bindung stecken noch in einer Sackgasse

Diese mangelnde Konsequenz in Bezug auf Personalgewinnung und -bindung ist auch heute noch häufig ein Hindernis. Der gerade erst beginnende Fachkräftemangel in den Pflegeberufen erzwingt aber geradezu eine Investition in das vorhandene Personal. Diese eigentlich simple Einsicht harrt aber noch der Umsetzung. Nach einer Befragung von 500 sozialversicherungspflichtig Beschäftigten im Alter von 50 bis 65 Jahren trauen Unternehmen in Deutschland den Älteren zu wenige Entwicklungspotenziale zu und bieten ihnen keine interessanten beruflichen Perspektiven (vgl. Accenture 2009). Die Befragten kritisierten mehrheitlich (63 Prozent), dass bei Gesundheit, Mitarbeiterführung und Karriereentwicklung ihre Bedürfnisse nicht ausreichend berücksichtigt würden. Lediglich 22 Prozent der Arbeitgeber haben flexible Arbeitszeitmodelle und nur 24 Prozent bieten altersgerechte Programme zur Gesundheitsförderung.

4. Personalpolitische Maßnahmen für Ältere in Unternehmen sind gering ausgeprägt

Der Anpassungsbedarf für ältere Mitarbeiter im Personalentwicklungsbereich wird noch häufig unterschätzt, da die Auswirkungen der Alterung auf das Arbeitskräfteangebot wahrscheinlich in den meisten Regionen noch kaum wahrnehmbar sind (vgl. Kay/Kranzusch/Suprinovič 2008).

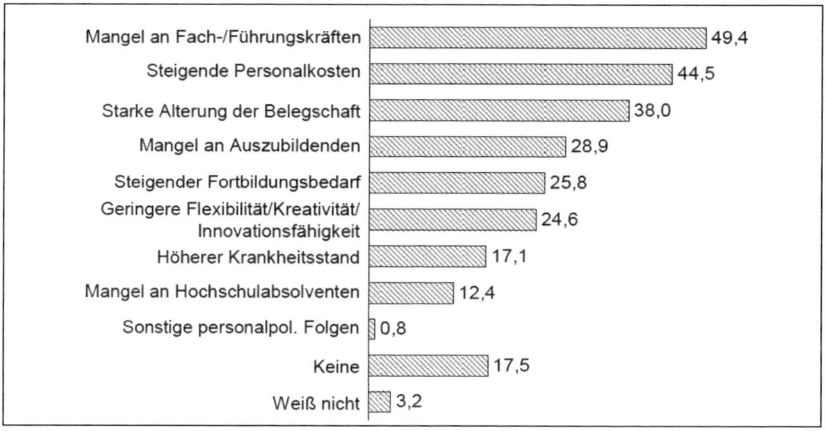

Abbildung 1: Mittel- und langfristig erwartete personalpolitische Folgen
(Quelle: Kay/Kranzusch/Suprinovič 2008, S. 53, Mehrfachantworten, in % der Fälle, n=719)

Häufiger als mit einer starken Alterung des Personals (ca. 40 Prozent) sehen sich die Unternehmen mit einem Mangel an Fach- und Führungskräften und einem Anstieg der Personalkosten (ca. 50 Prozent) konfrontiert. Dementsprechend werden vor allem in kleineren Unternehmen seltener Maßnahmen zur langfristigen Beschäftigungsfähigkeit (z. B. Gesundheitsfürsorge, Qualifizierung) und zur Personalbindung (z. B. verbesserte Arbeitsbedingungen, Vereinbarkeit Familie und Beruf) verfolgt. Ein weiterer ungünstiger Umstand ist, dass ältere Mitarbeiter häufig nicht mehr gefördert werden. So bieten lediglich 24 Prozent der Unternehmen mit bis zu 499 Beschäftigten Weiterbildung für ältere Mitarbeiter (Bellmann/Kistler/Wahse 2007, S. 3). Eine Investition in Angebote der Fort- und Weiterbildung für erfahrene Mitarbeiter wird offenbar als unnötig angesehen.

Hinzu kommt, dass in der Personalplanung und -entwicklung häufig erst dann reagiert wird, wenn es schon zu massiven Problemen gekommen ist. Das zeigt sich deutlich an der Ausbildungsplatzentwicklung in den Pflegeberufen. Widersprüchliche politische Regelungen (z. B. Förderung des 3. Ausbildungsjahres bei Umschulungen in der Altenpflege) und eine Personalbedarfsplanung auf lokaler Ebene, die nicht über 1-Jahreszeiträume hinaus denkt, haben dazu geführt, dass trotz des steigenden Bedarfs und der zumindest für das einzelne Unternehmen bekannten Altersstruktur der pflegerischen Mitarbeiter, in der Summe der drei Pflegefachberufe Ausbildungsplätze abgebaut wurden.

5. Fehlende Transparenz hinsichtlich des Fachkräftebedarfs zur Bedarfsplanung

Diese Problematik spiegelt wider, dass auf lokaler, regionaler und nationaler Ebene keine zuverlässigen Zahlen für die Gesamtheit der Pflegefachkräfte vorliegen. Föderalismus und Segmentierung im Gesundheits- und Sozialwesen verhindern bisher eine zuverlässige, aktuelle Pflegeberufsstatistik und eine daraus abzuleitende Bedarfsberechnung. Erst in jüngster Zeit gibt es hier einen Gegentrend. Die Landesberichterstattung Gesundheitsberufe NRW 2010 (vgl. Deutsches Institut für angewandte Pflegeforschung 2010) beinhaltet erstmals den Versuch einer Berechnung des Personalbedarfs für Nordrhein-Westfalen. Die einzelne Einrichtung kann über ein Online-Angebot im Internet einen „Demografie-Kompass 2.0[1]" zur betrieblichen Altersstrukturanalyse nutzen.

6. Notwendigkeit der Etablierung alternsgerechter Maßnahmen

Einwirkungsmöglichkeiten der Unternehmen bestehen auf unterschiedliche Weise. Dabei ist erkennbar, dass aufgrund der Wirkungszusammenhänge nicht

[1] http://www.demobib.de/ am 22.07.2010

ausschließlich einzelne Maßnahmen zum gewünschten Erfolg führen, sondern ein unterschiedliches Set von Maßnahmen. Dazu gehören beispielsweise die folgenden Ansätze:

- *Festschreibung eines veränderten Unternehmensleitbildes:* Im Kern scheint es sich also vor allem um ein Problem der Haltung gegenüber älteren Mitarbeitern zu handeln. Demnach muss eine alternsgerechte Personalpolitik im Unternehmen selbst als Notwendigkeit und Chance verstanden werden. Um den Charakter der Haltungsänderung zu unterstreichen, kann dies z. B. im Unternehmensleitbild aufgegriffen werden.
- *Entwicklung alternativer Strategien der Rekrutierung und Bindung:* Erforderlich ist zudem eine geplante und systematische Personalentwicklung, die darauf setzt, Karriere- und Entwicklungschancen zu bieten. Das erfordert mehr Flexibilität und Kreativität als bisher vorhanden. Die Unternehmen scheinen immer noch mehr auf die Rekrutierung von jungen Mitarbeitern zu setzen, als auf die Bindung des vorhandenen (älteren) Personals. Zudem werden Unternehmen nicht umhinkommen, zukünftig vermehrt ältere Bewerber gezielt in den Blick zu nehmen. Das können Personen nach der Familienpause sein oder aber „Quereinsteiger" in den Beruf; also Menschen, die den Pflegeberuf als zweiten oder gar dritten Beruf erlernen, z. B. über eine Umschulung. In der Altenpflege ist dies nicht unüblich und wird als Gewinnung von Menschen mit mehr Lebenserfahrung als Wert geschätzt, der gerade für die Pflege älterer Menschen relevant ist.
- *Etablierung horizontaler Karrierewege:* Karriere wird – auch in der Pflege – häufig nur als vertikale Karriere im Sinne eines Aufstiegs in der Hierarchie begriffen. Es wird übersehen, dass dies für viele Mitarbeiter nicht unbedingt erstrebenswert oder auch erreichbar ist. Es müssen daher horizontale Karrieren stärker in den Fokus genommen werden. Karrieren, die planvoll inhaltlich und strukturell den Anforderungen und Erwartungen älterer und alternder Mitarbeiter gerecht werden.

7. Die Personalpolitik wird zum Wettbewerbs- und Erfolgsfaktor für Unternehmen

Der demografische Wandel verkehrt die Positionen von Arbeitgeber und Arbeitnehmer: Konnten Erstere bis vor Kurzem noch aus dem Vollen und aus einem großen Bewerberangebot schöpfen, sind es heute die Arbeitnehmer, die auswählen können, wo und zu welchen Bedingungen sie arbeiten wollen. Investitionen in die Personalentwicklung zur Personalbindung sind unverzichtbar, um im Wettbewerb um die besten Arbeitskräfte bestehen zu können. Gute Personalpolitik wird ein Wettbewerbs- und Erfolgsfaktor für die Unternehmen. Diese Entwicklung kommt nicht unerwartet, aber trifft doch auf mehrheitlich unvorbereitete Unternehmen. In der Überforderung durch diesen Wandel wird nach Schnelllösungen gerufen (z. B. einer Greencard für Pflegefachkräfte). Diese verkennen oft die Realitäten des (globalen) Marktes für Fachkräfte im Gesundheitswesen. Fehler unserer eigenen Personalpolitik müssen wir selbst lösen. Dabei kann als Chance begriffen werden, dass wir derzeit eigentlich gar keinen Mangel an Pflegefachkräften haben, sondern „nur" einen Mangel an Pflegefachkräften, die unter den gegenwärtigen Bedingungen bereit sind, in der Pflege zu arbeiten.

Literatur

Accenture (Hg.) (2009):
Das Urteil der 50plus. Online verfügbar unter: http://www.accenture.com/Countries/Germany/About_Accenture/Newsroom/News_Releases/Altere-Arbeitnehmer-Studie.htm (letzter Zugriff am 22.07.2010)

Bellmann, L./Kistler, E./Wahse, J. (2007):
Demographischer Wandel. Betriebe müssen sich auf alternde Belegschaften einstellen. iab Kurzbericht, Nr. 21. Nürnberg

Deutsches Institut für angewandte Pflegeforschung (2010):
Landesberichterstattung Gesundheitsberufe. Situation der Ausbildung und Beschäftigung in Nordrhein-Westfalen. Bericht im Auftrag des Ministeriums für Arbeit, Gesundheit und Soziales des Landes Nordrhein-Westfalen. Köln

Kay, R./Kranzusch, P./Suprinovič, O. (2008):
Absatz- und Personalpolitik mittelständischer Unternehmen im Zeichen des demografischen Wandels – Herausforderungen und Reaktionen. IfM-Materialien, Nr. 183. Bonn

Kay, R./Richter, M. (2010):
Fachkräftemangel im Mittelstand: Was getan werden muss. Friedrich-Ebert-Stiftung. Bonn

Statistisches Bundesamt (2008):
Grunddaten der Krankenhäuser 2007. Wiesbaden

II

Herausforderungen – Gestaltungsfelder zur Bewältigung des demografischen Wandels

Methoden und Instrumente einer demografiefesten Personalpolitik in der Pflege

Brigitte Geldermann

1. Einleitung

Angesichts der drohenden Unterversorgung mit Fachkräften in einem expandierenden Pflegesektor (vgl. Freiling 2011a) sind die Einrichtungen darauf verwiesen, einerseits ihre Rekrutierungsbemühungen zu intensivieren, andererseits die Leistungsfähigkeit ihrer – älter werdenden – Bestandsmitarbeiter zu fördern.

Letzteres ist vor allem deshalb wichtig, weil – wie Untersuchungen belegen – mit steigenden Anforderungen in den letzten Jahren die Belastungen des Pflegepersonals enorm zugenommen haben (vgl. BGW 2010; Kromark/Ostendorf 2011). So haben beispielsweise die Pflegereformen der vergangenen Jahre in den Einrichtungen dazu geführt, dass Prozesse stark rationalisiert wurden. Für die Beschäftigten bedeutet dies eine Verdichtung der Arbeit und eine Erhöhung der Stressbelastung.

Der Gesundheitsschutz wird von den Pflegenden allerdings selbst viel zu wenig ernst genommen. Die hohen Arbeitsbelastungen werden zu lange ertragen und der Blick auf die eigene Person (Selbstpflege) vernachlässigt. Pflegende nehmen oftmals ungünstige organisatorische Bedingungen, den enormen Zeitdruck und die hohe Arbeitsdichte als gegeben hin und versuchen durch größere Anstrengungen als Einzelperson oder Team die steigenden Belastungen zu kompensieren (vgl. Biederbeck 2007).

In der Konsequenz kommt es häufig zum Burn-out oder zu Motivationsverlusten, weil der Sinn, der in der Arbeit mit Menschen erlebt wird, angesichts des permanenten Zeitdrucks verloren geht (vgl. BMWA 2005). Die Abkehr vom Beruf nach wenigen Jahren ist oft die Folge. Der Wunsch nach einem Ausstieg aus dem Beruf ist bei jungen motivierten und gut ausgebildeten Pflegefachkräften am höchsten sowie bei denjenigen, die resigniert sind und sich erschöpft fühlen (vgl. Hasselhorn u. a. 2005).

Besonders kritisch erscheint die Situation des Pflegesektors, wenn man die Herausforderungen betrachtet, denen sich die Pflege durch die demografische

Entwicklung gegenübersehen wird. Zu den wesentlichen gehören die wachsende Zahl an Pflegebedürftigen, veränderte Patientenstrukturen, älter werdende Pflegekräfte und veränderte Anforderungen an die Kompetenzen der Pflegekräfte (vgl. Freiling 2011a).

Sowohl für die Altenpflege als auch für die Krankenhauspflege lassen sich aus den skizzierten Herausforderungen personalwirtschaftliche Problemlagen ableiten und zusammenfassen in

1. wachsenden Fachkräftemangel und
2. Leistungs- und Kompetenzeinbußen der Mitarbeiter, die mit der Alterung einhergehen können, aber auch durch die Arbeitsbedingungen verursacht werden.

Das Projekt „Älter werden in der Pflege“ suchte angesichts dieser Situation Strategien zu entwickeln, mit denen die Einrichtungen die Beschäftigungsfähigkeit ihrer Mitarbeiter langfristig sichern und neue Fachkräfte rekrutieren und binden können. Partner waren je zwei Einrichtungen der stationären und ambulanten Altenpflege sowie zwei Krankenhäuser.

Im vorliegenden Beitrag werden zunächst im Abschnitt 2 die Handlungsfelder und Gestaltungsansätze einer demografiefesten Personalpolitik in der Pflege veranschaulicht und durch Praxisbeispiele aus dem Projekt „Älter werden in der Pflege“ skizziert. Die in der Projektarbeit gewonnenen Erkenntnisse hinsichtlich der Faktoren, die bei der Einführung einer demografiefesten Personalpolitik zu berücksichtigen sind, werden in Abschnitt 3 dargestellt. Der Aufsatz schließt in Abschnitt 4 mit einem Ausblick auf die weiteren Zukunftsaufgaben im Pflegesektor.

2. Handlungsfelder einer demografiefesten Personalpolitik

Für die Strategieentwicklung wurde ein Konzept zugrunde gelegt, das analog dem des „Hauses der Arbeitsbewältigungsfähigkeit“ (vgl. Ilmarinen/Tempel 2002) eine Beziehung zwischen Arbeitsanforderungen und menschlichen Ressourcen postuliert. Dabei wurde jedoch der umfassendere Begriff der Beschäftigungsfähigkeit als Zielkategorie gewählt, aus der sich die Handlungsfelder ableiten. Beschäftigungsfähigkeit wird hier verstanden als „die Fähigkeit, fachliche, soziale und methodische Kompetenzen unter sich wandelnden Rahmenbedingungen zielgerichtet und eigenverantwortlich anzupassen und einzusetzen, um eine Beschäftigung zu erlangen oder zu erhalten" (Rump/Eilers 2006, S. 21). Ressourcen der Beschäftigungsfähigkeit sind

die physische Leistungsfähigkeit,
die jeweils aktuell benötigten Kompetenzen,
die Motivation und Selbstverantwortung des Beschäftigten und
eine leistungs- und lernförderliche Tätigkeitsgestaltung.

Die betrieblichen Funktionen, die diese Ressourcen stärken können, werden als „Handlungsfelder einer demografiefesten Personalpolitik" gekennzeichnet (vgl. Abbildung 1).

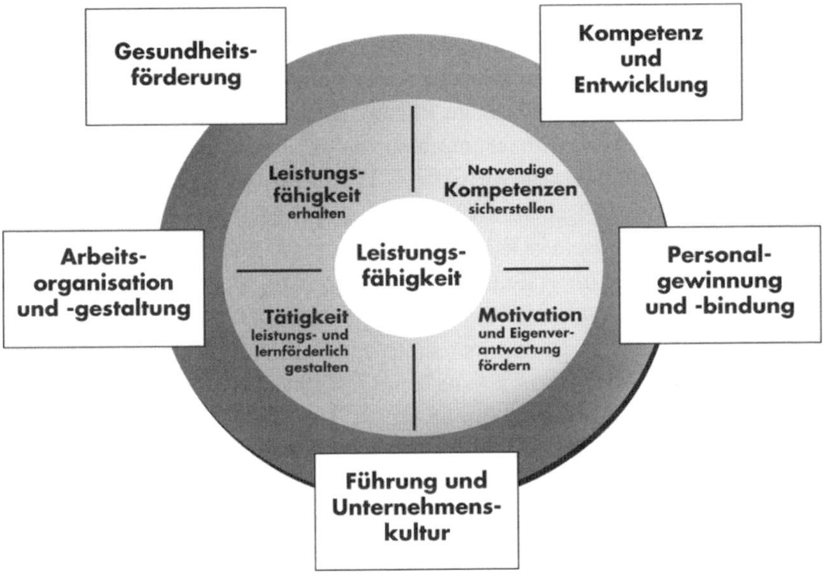

Abbildung 1: Handlungsfelder einer demografiefesten Personalpolitik

Während sowohl im Alten- als auch im Krankenpflegesektor ein Bewusstsein von der Notwendigkeit einer demografiefesten Personalpolitik vorhanden ist (vgl. Gottwald 2011), ist bei der Umsetzung geeigneter Unternehmensstrategien jedoch noch ein deutliches Defizit wahrnehmbar.

Die einzelnen Handlungsfelder werden im Folgenden erläutert und um von den Modelleinrichtungen entwickelte Strategien und Maßnahmen ergänzt.

2.1 Gesundheitsförderung

Der Erhalt und die Entwicklung der Beschäftigungsfähigkeit über den gesamten Erwerbsverlauf basieren auf der physischen und psychischen Gesundheit der Beschäftigten. Der *Altenpflegebereich* ist Spitzenreiter der Krankenstandsstatistik. Die Arbeit am Menschen ist körperlich beanspruchend. Schweres Heben und Tragen belasten den Rücken. Der enge Kontakt zu den Pflegebedürftigen geht mit Infektionsgefahren einher. Allergien können durch Hilfsstoffe und Hilfsmittel entstehen. Dazu kommt die psychische Belastung durch Zeitdruck, Schichtdienst und die Konfrontation mit Leid und Tod. Die durchschnittliche Anzahl der Krankheitstage in der Altenpflege lag 2007 bei 17,4 Tagen, in der Krankenpflege bei 14,6, der Durchschnitt in allen Berufsgruppen lag im gleichen Zeitraum bei 11,8 Tagen (Goesmann/Nölle 2009, S. 9).

In der mobilen Altenpflege bedeutet das Fahren mit dem Auto unter Zeitdruck zusätzlichen Stress. Die ambulanten Pflegekräfte haben überdies weniger Einflussmöglichkeit auf ihre Arbeitsumgebung, da sie in der Häuslichkeit der Kunden arbeiten, und sie müssen vor Ort als „Einzelkämpfer" mit Schwierigkeiten und Notsituationen weitgehend allein fertig werden.

In der *Krankenhauspflege* zeigt sich ein vergleichbares Bild. Arbeitsorganisatorische Faktoren wie hoher Zeitdruck und wechselnde Arbeitszeiten wirken sich negativ auf die physische und psychische Gesundheit von Pflegekräften aus. Schichtarbeit erschwert die Vereinbarkeit von Beruf und Familie und wird deshalb als belastend erlebt. Auch soziale Konflikte spielen eine Rolle, zum Beispiel die nicht immer einfache Zusammenarbeit mit Ärzten und anderen Fachgruppen. Schließlich wirken sich die gestiegenen Leistungsanforderungen an die Pflegetätigkeit und fehlende berufliche Perspektiven negativ auf die Motivation und Gesundheit der Mitarbeiter und deren Verbleib im Beruf aus. Insbesondere die wenigen gut qualifizierten Männer verlassen den Pflegeberuf früh, weil die soziale und materielle Anerkennung sowie Entwicklungs- und Karrieremöglichkeiten fehlen (vgl. Joost 2007).

Die Gesundheit der Beschäftigten zu erhalten ist nicht nur aus sozialen, sondern auch aus betriebswirtschaftlichen Gründen wichtig. Es geht um folgende Aufgaben:

- *Körperliche und psychische Belastungen erkennen:* Dabei muss nach Mitarbeitergruppen (ambulante/stationäre Pflege, Hauswirtschaft, Verwaltung) differenziert werden. Auch Ältere sollten gezielt in den Blick genommen werden und selbst Einzelfälle (z. B. bereits von Erkrankung Betroffene) gilt es zu berücksichtigen.

- *Körperliche und psychische Belastungen soweit möglich reduzieren oder kompensieren:* Hier geht es um die Gestaltung der Arbeitsumgebung, aber auch um Angebote der Gesundheitsförderung und den Einsatz von bereits gesundheitlich eingeschränkten Mitarbeitern.
- *Gesundheitsbewusstes Verhalten der Mitarbeiter fördern:* Wesentlich ist es, dass die Mitarbeiter selbst aktiv werden und Aktivitäten zur Gesundheitsförderung im Alltag einplanen (z. B. Bewegung, Ernährung). Dabei sollten Führungskräfte mit gutem Beispiel vorangehen.

Maßnahmen, die das Unternehmen zur Gesundheitsförderung initiiert, bleiben wirkungslos, wenn die Mitarbeiter sie nicht annehmen oder wenn sie in ihrem Privatleben nicht auf sich achten. Verhaltensänderungen sind meist nicht einfach herbeizuführen. Der Arbeitgeber hat darauf ohnehin nur begrenzt Einfluss. Alles, was eine Führungskraft tun kann ist: sensibilisieren, informieren und motivieren. Sie kann ein Klima schaffen, in dem nicht einseitig die Belastbarkeit der Mitarbeiter honoriert, sondern auch deren Freude an der Arbeit, gute Laune und Ausgeglichenheit belohnt werden. Für die richtige Balance zwischen Anspannung und Entspannung sorgen Pausen bei der Arbeit und ein Ausgleich zu den körperlichen wie psychischen Belastungen z. B. durch Sport, Hobbys und Zeit für die Familie.

In den Modelleinrichtungen wurden unter anderem folgende Maßnahmen umgesetzt:

- *Flächendeckende Hilfsmittelversorgung:* Für die Mitarbeiter der ambulanten Altenpflege stehen jetzt in der Häuslichkeit der Kunden die erforderlichen Hilfsmittel zur Verfügung. Patienten und ihre Angehörigen haben standardmäßig die Möglichkeit, aus einem Katalog notwendige Hilfsmittel auszuwählen. Durch die Kooperation mit einem Sanitätshaus ist die Beratung zu geeigneten Hilfsmitteln wie auch zu Fragen der Finanzierung gewährleistet.
- *Fahrsicherheitstraining:* Allen Mitarbeitern einer ambulanten Altenpflegeeinrichtung wurde ein Fahrsicherheitstraining in Kooperation mit dem ADAC angeboten, das von den meisten auch wahrgenommen wurde. Jeder neu eingestellte Beschäftigte, der beruflich Auto fährt, durchläuft künftig das Training. Zur Sicherstellung wurde dieser Punkt in die elektronische Personalakte aufgenommen. Bei Teilnehmenden des Fahrsicherheitstrainings entfällt bei Unfällen ein möglicher Selbstbehalt.
- *Entspannungstraining:* Als Entspannungstraining wurde aus dem Angebot der AOK die Blitzentspannung ausgewählt. Mitarbeitergruppen von jeweils

acht Personen absolvieren je sechs Termine à zwei Stunden. Zwischen den Terminen wird jeweils das bisher Gelernte eingeübt. Der kollegiale Rahmen hat sich zumindest für das Büroteam als günstig für das täglich ca. fünfminütige Üben erwiesen.

- *Anreize zur Teilnahme an Gesundheitsangeboten:* Ein Anreizsystem zur Unterstützung von Verhaltensänderungen bei Gesundheitsfragen ist etabliert worden, wie z. B. zusätzliche Urlaubstage für nachgewiesene kontinuierliche Fitness-Teilnahme oder die Möglichkeit des freien Eintritts in ein Schwimmbad.
- *Dialog Gesundheit:* Mit diesem Instrument werden körperliche und psychosoziale Belastungen arbeitsplatzintegriert durch Gespräche zwischen Führungs- und Pflegekräften identifiziert. Führungskräfte der einzelnen Abteilungen moderieren den Dialog Gesundheit. Mögliche Themen sind z. B. psychische und physische Belastungen, Arbeits- und Gesundheitsschutz, Ernährung, Motivation und Arbeitszufriedenheit oder auch Work-Life-Balance. Mit der Einführung des *Dialog Gesundheit* soll durch Training von Achtsamkeit und Körperwahrnehmung sowie durch Feedbackkultur, soziale Unterstützung, Ergonomie und Bewegung die Gesundheit der Pflegekräfte nachhaltig gefördert und der Gesundheits- und Arbeitsschutz verbessert werden.

2.2 Kompetenz und Entwicklung

Im Handlungsfeld „Kompetenz und Entwicklung" geht es daher um die Identifizierung vorhandener Kompetenzen, Ableitung von Qualifizierungsbedarf und die Förderung kontinuierlichen Lernens. Um die Qualität der Dienstleistung Pflege zu sichern und die Mitarbeiter vor unnötigen Belastungen durch Überforderung zu schützen, ist regelmäßige Weiterbildung nötig. Dafür kommen zum einen einschlägige Seminare infrage, die je nach Weiterbildungsbedarf der Mitarbeiter ausgewählt werden. Genauso wichtig ist es aber, das arbeitsplatznahe Lernen im Berufsalltag so zu verankern, dass neue Mitarbeiter rasch einsetzbar sind und sich Bestandsmitarbeiter ohne großen Aufwand auf neue Anforderungen einstellen können.

Folgende arbeitsplatzintegrierte Konzepte mit Bezug auf die Kompetenzentwicklung wurden in den Modelleinrichtungen entwickelt und implementiert:

- *Durchführung von Erfahrungsabenden (ERFA-Abende):* Ein Austausch der Beschäftigten in gemeinsamen Veranstaltungen sichert den Wissenstransfer zwischen älteren und jüngeren Mitarbeitern. Ältere stellen ihr Erfahrungswissen, z. B. zum Umgang mit schwierigen Patienten und Angehörigen zur Verfügung.

Umgekehrt bringen auch jüngere Beschäftigte ihr aktuelles Fachwissen mit ein. Des Weiteren berichten Beschäftigte von besuchten Weiterbildungsveranstaltungen und wirken somit als Multiplikatoren neuer Erkenntnisse.

- *Erstellung eines veränderten Einarbeitungskonzeptes für neue Mitarbeiter:* Die Überarbeitung von bestehenden Einarbeitungsrichtlinien durch erfahrene Fachkräfte führt dazu, dass jüngere Mitarbeiter sowie Quer- und Wiedereinsteiger schneller Sicherheit in ihrem Aufgabengebiet finden. Das trägt nicht nur zur Kompetenzentwicklung, sondern auch zur Mitarbeiterbindung bei und entlastet überdies die Bestandsmitarbeiter, da diese weniger im Arbeitsablauf durch Fragen unterbrochen werden.
- *Einführung regelmäßiger und systematischer Mitarbeitergespräche:* In den Mitarbeitergesprächen werden auch Personalentwicklungsthemen und somit Weiterbildungsbedarf der Mitarbeiter thematisiert. Sie stellen durch eine Zielvereinbarung Verbindlichkeit her.
- *Verbesserung des Wissenstransfers zwischen älteren Beschäftigten und Altenpflegeschülern:* Im Projekt wurde ein einrichtungsübergreifendes Qualifizierungskonzept für Beschäftigte vorbereitet, die an der Anleitung und Einarbeitung von Pflegeschülern und neuen Mitarbeitern beteiligt sind. Ein wesentliches Ziel des Qualifizierungskonzepts ist es, die Zufriedenheit der Mitarbeiter sowie der Schüler zu steigern und sie langfristig an die Einrichtungen zu binden. Das Konzept sieht vor, dass die gezielte Weitergabe von Erfahrungswissen zwischen Älteren und Jüngeren verbessert wird. Künftig sollen ältere Beschäftigte von neuen pflegerischen Erkenntnissen der jüngeren Mitarbeiter profitieren. Jüngere sollen im Gegensatz dazu wichtige Strategien im Umgang mit schwierigen Patienten/Angehörigen erlernen und von dem Expertenwissen der Älteren profitieren. Die Einrichtung verspricht sich dadurch auch eine Verbesserung der Zusammenarbeit und ein größeres Verständnis zwischen Alt und Jung.
- *Durchführung einer Kompetenzinventur:* Bei der Kompetenzinventur handelt es sich um ein mehrschrittiges Verfahren, bei dem die Kompetenzen der Beschäftigten transparent gemacht und Kompetenzentwicklungsbedarfe abgeleitet werden (vgl. Gerisch/Ostendorf 2010). Dabei stehen fachliche, methodische, sozial-kommunikative und personale Kompetenzen im Fokus. Als Ergebnis der Kompetenzinventur wurden in einer ambulanten Altenpflegeeinrichtung Maßnahmen abgeleitet, um arbeitsplatznah Kompetenzen durch die systematische Interaktion zwischen älteren und jüngeren Mitarbeitern zu vermitteln (z. B. Erfahrungsabende, Einarbeitungskonzepte).

2.3 Personalgewinnung und -bindung

Das Image der Pflegeberufe in der Öffentlichkeit ist tendenziell negativ ausgeprägt (vgl. Bomball u.a. 2010). Die physischen und psychischen Belastungen im Berufsalltag, der niedrige Personalschlüssel in den Einrichtungen und die vergleichsweise geringe Bezahlung machen den Beruf für gute Schulabgänger eher unattraktiv. Zudem kommen zum negativen Image noch eine Reihe von Hürden wie beispielsweise fehlende Informationen zum Berufs- und Anforderungsprofil hinzu. Der hohe Frauenanteil in der Pflege und die gleichzeitige Schwierigkeit der Vereinbarung von Beruf und Privatleben durch den Schichtdienst führen zudem dazu, dass Leistungsträger im Alter zwischen 25 und 40 verloren gehen (vgl. Joost 2007).

Viele Einrichtungen haben die Erfahrung gemacht, dass Stellenanzeigen und Jobbörsen für die Gewinnung von guten und motivierten Fachkräften nicht ausreichen. Besonders die Arbeit in der Altenpflege ist oft die zweite Wahl, wenn andere Optionen nicht gelingen. Auch der Krankenpflegeberuf ist durch die vergleichsweise geringe Bezahlung für gute Schulabgänger unattraktiv.

Öffentliche Imagekampagnen (z.B. Fachkampagne *„Berufsfeld: Moderne Altenpflege"* des Bundesministeriums für Familie, Senioren, Frauen und Jugend)[1] oder Initiativen wie *„Neue Wege für Jungs"*[2] tragen zwar zu einer veränderten Wahrnehmung des Berufsbildes bei. Eine höhere Nachhaltigkeit ist aber zu erzielen, wenn jede Einrichtung durch Profilbildung und gezieltes Personalmarketing ihr Image als attraktiver Arbeitgeber auf dem regionalen Arbeitsmarkt stärkt (vgl. Reuschenbach 2004). Es lohnt sich, die Vorteile, die die Einrichtung bieten kann, herauszustellen und ihr Image in der Öffentlichkeit zu pflegen, sei es durch gezielte PR-Aktivitäten in Schulen oder durch regionales Engagement bei Sport- und anderen Veranstaltungen. Die Internetseiten der Einrichtungen richten sich nach wie vor eher an die Kunden als an potenzielle Mitarbeiter. Dabei wird vergessen, dass es zukünftig nicht an Kunden mangelt, sondern an Mitarbeitern, die sie pflegen.

Zudem ist es empfehlenswert, gezielt Quereinsteiger anzusprechen und zu qualifizieren. Dazu gehören beispielsweise Personen mit Migrationshintergrund, die in ihrem Herkunftsland bereits eine Ausbildung erworben haben, die aber der deutschen nicht gleichwertig ist oder nicht anerkannt wird. Auch angesichts der

1 Vgl. unter www.bmfsfj.de/BMBFSFJ/Service/Archiv/16-legislatur,did=112800.html am 01.10.2010

2 Vgl. unter www.neue-wege-fuer-jungs.de am 01.10.2010

perspektivisch wachsenden Zahl von Kunden mit Migrationshintergrund stellen diese Personen ein Potenzial dar.

Interessante Quereinsteiger können auch Studienabbrecher in sozialen Berufen sein oder Berufsrückkehrerinnen mit einer verwandten Ausbildung. Auch das gezielte Ansprechen von älteren Personen, deren Abschluss schon lange zurückliegt, ist eine Option. Die Darstellung von Entwicklungsperspektiven in der Einrichtung dient dazu, kompetente neue Mitarbeiter zu gewinnen.

Mitarbeiterbindung beginnt mit dem ersten Arbeitstag eines neuen Mitarbeiters. An seiner Einarbeitung und Integration entscheidet sich, ob er sich mit seinen neuen Aufgaben sicher und im Unternehmen gut aufgenommen fühlt. Häufig müssen auch Mitarbeiter integriert werden, die nicht einschlägig qualifiziert sind. Je schneller sie eingearbeitet werden, desto eher können sie die Kollegen entlasten, was wiederum dem Betriebsklima guttut.

Als Maßnahmen der Mitarbeiterbindung haben sich in den Modelleinrichtungen sowohl Konzepte zur Einarbeitung neuer Mitarbeiter bewährt wie auch die Einführung von Mitarbeitergesprächen. Beides sind zwar keine neuen Instrumente; sie sind jedoch vor allem in kleineren Altenpflegeeinrichtungen durchaus noch nicht selbstverständlich.

- *Das Mitarbeitergespräch* dient nicht nur der Leistungsbeurteilung, sondern soll auch die Motivation stärken. Im Zentrum stehen dabei der Abgleich von Erwartungen und gemeinsame Überlegungen zu den weiteren Perspektiven des Mitarbeiters, wobei Belastungen oder gesundheitliche Einschränkungen nicht ausgeklammert werden dürfen. Aber auch Aufstiegs- und Fortbildungsmöglichkeiten sollten zur Sprache kommen. Das Mitarbeitergespräch fördert das gegenseitige Verständnis und führt zur Verbesserung der Zusammenarbeit.
- *Ein Einarbeitungskonzept* sieht in einer anderen Einrichtung vor, dass erfahrene Mitarbeiter als Paten die Einarbeitung neuer Kollegen betreuen. Grundlage bieten neu erarbeitete Checklisten. Auch die Einarbeitung von Quer- und Wiedereinsteigern kann so effizienter gestaltet werden.

In einer der Modelleinrichtungen wurde auch die Vereinbarung von Beruf und Familie verbessert:

Betreuungsangebote für Kinder: Obwohl die Einrichtung der ambulanten Altenpflege bereits bemüht war, familienfreundliche Arbeitszeiten zu ermöglichen, wird von den Mitarbeitern noch Bedarf an Kinderbetreuung während Abend-/Nachtdiensten bzw. bei Erkrankung eines Kindes gesehen. Das Unternehmen plant nun in Kooperation mit einem externen Partner den Aufbau eines „Kinderhotels", das die berufstätigen Mütter bzw. Väter während der Spät- und Nachtschichten entlastet. Damit wird die Einrichtung auch für alleinerziehende Elternteile als potenzieller Arbeitgeber interessant.

2.4 Führung und Unternehmenskultur

Führungskräfte haben in jedem Berufsfeld eine Schlüsselfunktion inne; in der Pflege ist die Qualität der Führung jedoch von besonderer Bedeutung: Ein Ergebnis der europaweiten NEXT-Studie, bei der Mitarbeiter von Krankenhäusern und Pflegeheimen befragt wurden (vgl. Hasselhorn u.a. 2005) war, dass für die Entscheidung, den Beruf zu wechseln, die Führungsqualität in der Einrichtung mit ausschlaggebend ist. Mitarbeiter sehen oft wenig Perspektiven und Entwicklungsmöglichkeiten für sich in ihrer Organisation. Dies wird begünstigt durch eine Führungskultur in vielen Pflegeeinrichtungen, die auf dem Althergebrachten beharrt, Harmonieorientierung belohnt und Wettbewerbs- und Leistungsorientierung eher wenig fördert (vgl. Zimber 2010).

Ein professionelles Führungsverhalten ist gerade in der mittleren Führungsebene noch nicht in allen Einrichtungen selbstverständlich (vgl. Harder/Ammermann 2005). Wie verschiedene Studien zeigen, hat das Führungsverhalten nicht nur auf die Motivation, sondern auch auf die Gesundheit und Leistungsfähigkeit der Mitarbeiter einen erheblichen Einfluss (vgl. Stadler/Strobel 2006). Dem Führungsstil kommt bei älteren Mitarbeitern noch höhere Bedeutung zu, als dies bei jüngeren schon der Fall ist. Es gilt, einem drohenden Motivationsverlust entgegenzuwirken und die Berufs- und Lebenserfahrung der Älteren anzuerkennen. Gute und damit gesundheitsförderliche Führung beinhaltet sowohl klare Vorgaben und Ziele als auch die Einbeziehung der Mitarbeiter in Entscheidungen sowie die Nutzung ihres Fachwissens und ihrer Ideen. Mitarbeiter wünschen sich Vorgesetzte, die sich nicht nur auf Vorschriften und Vorgaben Dritter berufen, sondern eigene Entscheidungen vertreten können und auch in schwierigen Situationen zu ihren Mitarbeitern stehen.

Häufig sind die Führungskräfte selbst überlastet. Eine konsistente Haltung gegenüber den Mitarbeitern einzunehmen, fällt in solchen Fällen schwer. Wohnbereichsleitungen oder Pflegedienstleitungen arbeiten selbst in der Pflege und geraten mitunter in Rollenkonflikte. Manchmal übernehmen sie dann Aufgaben, die eigentlich die Mitarbeiter hätten ausführen sollen, um Konflikten aus dem Weg zu gehen.

Beispielhafte Maßnahmen zur Verbesserung der Führungs- und Unternehmenskultur sind:

- Führungsleitlinien erstellen, die auch die Demografie-Thematik beinhalten und dazu Umsetzungsworkshops anbieten,
- die Thematik „Arbeiten bis zur Rente“ in Mitarbeitergespräche integrieren,
- das Führungsverhalten daraufhin überprüfen, inwieweit es ein Miteinander von Jung und Alt und den intergenerativen Wissenstransfer fördert,
- das Verhältnis verschiedener Führungsebenen zueinander klären, um Unsicherheit und Unzufriedenheit vorzubeugen (z. B. Rolle der Wohnbereichsleitung),
- Regelungen treffen, die einer Überforderung vorbeugen (z. B. durch ein Beschwerdemanagement oder eine Richtlinie zum Verhalten in Pflegenotfällen).

In den Modelleinrichtungen wurden unter anderem diese Maßnahmen realisiert:

- *Entlastung von Wohnbereichsleitungen:* In einer Einrichtung der stationären Altenpflege wurde zunächst die Situation der Wohnbereichsleitungen diskutiert. Erste Ansätze in Form einer geplanten Teamentwicklung für Wohnbereichsleitungen wurden vorgestellt und erörtert. Wohnbereichsleitungen sollen sich ihrer Rolle als Führungskraft bewusster werden und mit ihrer „Sandwich-Funktion“ künftig besser umgehen können.
- *Das Miteinander von Jung und Alt verbessern:* In einer Einrichtung wurde ein Workshop zu den Fragen „Was können Ältere von Jüngeren lernen?“ und „Was können Jüngere von Älteren lernen?“ durchgeführt. Dadurch konnten die Mitarbeiter Einblicke in die besonderen Kompetenzen beider Altersgruppen gewinnen und wurden für ein gegenseitiges Verständnis sowie für gegenseitige Akzeptanz sensibilisiert.

2.5 Arbeitsorganisation und -gestaltung

In allen Modellbetrieben wurde eine Arbeitssituationsanalyse (ASitA) mit einer demografieorientierten Fokussierung durchgeführt (vgl. Freiling 2011a). Deren Ergebnisse zeigten Probleme der Arbeitsorganisation und Arbeitsgestaltung als eine der wesentlichen Ursachen für Arbeitsbelastungen auf. Unter dem Gesichtspunkt, ein gesundes und motiviertes Arbeiten bis zur Rente zu ermöglichen, erwies es sich als empfehlenswert zu überprüfen, wie Abläufe und Schnittstellen verbessert und damit arbeitsbezogene Belastungen reduziert werden können. Die Arbeitszeitgestaltung, besonders die geteilten Dienste, führt oft zu Unzufriedenheit bei den Mitarbeitern. Pflege muss 24 Stunden am Tag, sieben Tage in der Woche und 365 Tage im Jahr stattfinden, wenn auch in unterschiedlicher Intensität. Morgens und abends ist der Arbeitsanfall in den meisten Einrichtungen am höchsten. In der Praxis gleicht es häufig einem Puzzle, die durch die Anstellungsverhältnisse der Mitarbeiter bestimmten individuellen Dienstzeiten mit den haus- bzw. wohnbereichsintern geplanten Dienstlängen in Übereinstimmung zu bringen.

Ausgedünnte Schichtbesetzungen, eventuell noch verstärkt durch krankheitsbedingte Ausfälle, führen zu Arbeitsverdichtung und Zeitdruck. Die Mitarbeiter stehen dadurch oft unter dem Eindruck, nicht ausreichend Zeit für die zu Pflegenden zu haben. Dadurch wird ein wesentlicher Motivationsfaktor – sich im Beruf um Menschen kümmern zu können – beeinträchtigt. Darüber hinaus behindert die Arbeitsverdichtung verlässliche Dienstpläne, sodass die Mitarbeiter Beruf und Familie nur schwer vereinbaren können. In den Modellbetrieben waren erhebliche Überstundenkontingente bei den Mitarbeitern aufgelaufen.

Ein weiteres Problem stellt in manchen Einrichtungen die Abstimmung zwischen den einzelnen Berufsgruppen (z. B. Ärzte, Physiotherapeuten, Pflegekräfte) und Funktionsbereichen wie z. B. zwischen Hauswirtschaft und Pflege dar. Auch die gestiegenen Ansprüche von Bewohnern und Angehörigen führen zu zusätzlichem Arbeitsaufwand und einer Erhöhung der psychischen Belastung bei Pflege- und Hauswirtschaftskräften, insbesondere dann, wenn die Zuständigkeiten nicht durch ein Beschwerdemanagement klar geregelt sind.

Eine besondere Herausforderung speziell in der Altenpflege ist der Arbeitsplatz der ambulanten Pflegekräfte, nämlich die private Kundenwohnung. Hier kann auf die Gestaltung oft nur begrenzt Einfluss genommen werden. Die Unterstützung durch die Einrichtungsleitung bei der Festlegung der Konditionen und Rahmenbedingungen ist in der häuslichen Pflege für die Mitarbeiter besonders wichtig.

Im Allgemeinen wissen die Mitarbeiter am besten, wo die Schwachstellen liegen. Es hat sich gezeigt, dass interne Workshops mit Teilnehmern aus den verschiedenen Arbeitsbereichen am ehesten die in einer Einrichtung realisierbaren Lösungsmöglichkeiten ans Licht bringen. Dies zeigte sich auch in den Modelleinrichtungen. Umgesetzte Maßnahmen waren:

- *Einführung eines Bewohner-Dokumentationssystems:* In einer Einrichtung der stationären Altenpflege wurde ein neues Dokumentationssystem eingeführt, in das die Wohnbereichshilfen bedeutsame Beobachtungen über Zustandsveränderungen der Bewohner eintragen sollen, sodass die Pflegekräfte auch bei deren Nichtanwesenheit auf diese Informationen zugreifen können.

- *Regelmäßige Dienstbesprechungen:* Zudem werden nun regelmäßig Dienstbesprechungen zusammen mit den Wohnbereichshilfen abgehalten, um die interne Kommunikation zu verbessern und mögliche Probleme zu Abläufen und Bewohnern frühzeitig erkennen zu können.
- *Entlastungskraft auf einer Pilotstation:* In der Modellstation eines Klinikums entsteht Zeitdruck durch die angespannte Personalsituation und durch administrative Nebentätigkeiten. Zur Akut-Entlastung der Intensivpflegekräfte wurde eine Stationshilfe eingestellt, welche nicht-pflegerische Nebentätigkeiten der Pflegekräfte übernimmt. Die Projektgruppe erstellte eine Stellenbeschreibung, um das Aufgabenprofil dieser Person(en) möglichst klar zu umreißen. Zur Besetzung der Stelle kamen zwei Teilzeitkräfte infrage, die insbesondere zu den Tagesspitzen (morgens/abends) eingesetzt werden.
- *Arbeitszeitmodelle:* In Absprache mit der Projektgruppe konzipierte der Betriebsarzt in dem Modellkrankenhaus eine Befragung zu den Arbeitspräferenzen der Mitarbeiter der Pilotstation. Auf Basis der Ergebnisse erarbeitete die Projektgruppe unter Berücksichtigung arbeitswissenschaftlicher Erkenntnisse einen Musterdienstplan mit verkürzten Nachtschichten und einem vorwärts rollierenden Schichtsystem. Ziel des modifizierten Arbeitszeitmodells ist es, die Pflegekräfte langfristig zu entlasten sowie möglichen Belastungsfolgen vorzubeugen.

3. Rahmenbedingungen der Einführung einer demografiefesten Personalpolitik in der Alten- und Krankenhauspflege

Das Paradox demografieorientierter Veränderungsprozesse scheint gerade darin zu liegen, dass einerseits in Bezug auf die Organisation und ihr Bestehen im Umfeld demografischer Veränderungen eine Langfristperspektive eingenommen werden muss, andererseits aber Veränderungen nur in kleinen Schritten realisierbar sind, wenn die Bereitschaft der Führungskräfte und Mitarbeiter, sich über ihre alltäglichen Aufgaben hinaus zu engagieren, nicht über Gebühr strapaziert werden soll.

Im Projekt wurden überwiegend relativ überschaubare, kurzfristig zu realisierende Maßnahmen initiiert. Dieses pragmatische und kleinschrittige Vorgehen kann als Erfolgsfaktor gewertet werden. Weiterhin erwies es sich als notwendig, die folgenden Rahmenbedingungen zu berücksichtigen:

- *Unterschiedliche Ausgangslagen:* Die Einrichtungen können sich nach Größe, örtlichen Gegebenheiten, interner Organisation und Kultur erheblich unterscheiden. Deshalb ist vor jeder Strategieentwicklung eine Analyse der jeweiligen Personalstruktur und der Belastungssituation erforderlich. Instrumente wie die Altersstrukturanalyse und die Arbeitssituationsanalyse können diese unterstützen (vgl. Gerisch/Knapp/Töpsch 2009). Eine Altersstrukturanalyse löst Klärungsprozesse aus und macht die Notwendigkeit von Maßnahmen transparent. Die Arbeitssituationsanalyse liefert eine Momentaufnahme, die in einer Langfristperspektive gemeinsam mit den Mitarbeitern zu reflektieren ist.
- *Spagat zwischen Kundenorientierung und Mitarbeiterorientierung:* Die Träger der Einrichtungen setzen seit einigen Jahren verstärkt auf Dienstleistungsorientierung. Die Bedürfnisse und Interessen, die Lebensqualität der Kunden sollen im Vordergrund stehen. Das bedeutet, dass Abläufe flexibler, geringer standardisiert werden, was aber oft zu Lasten der Mitarbeiter geht, die eben diese Flexibilität anbieten müssen. Arbeitszeiten richten sich danach, wann der Kunde das Personal benötigt. Das führt häufig zu geteilten Diensten, zu Wochenendarbeit und zu kaum vorausplanbaren Schichten. Hier sind kreative Lösungen wie z. B. die Kombination von Bezugspflege mit einem guten internen Informationssystem gefragt, um die Bedürfnisse der Kunden wie die der Mitarbeiter in eine möglichst gute Balance bringen.
- *Gesundheitsbewusstsein der Mitarbeiter:* Von Führungskräften wird gelegentlich Skepsis geäußert, ob die Mitarbeiter Angebote der Gesundheitsförderung auch wahrnehmen würden bzw. – falls solche bestehen – dauerhaft wahrnehmen werden. In kaum einem anderen Beruf werde noch so viel geraucht, gebe es so viele Übergewichtige wie in der Pflege, werde so wenig auf die eigene Balance geachtet. Dies führt zurück zum eingangs erwähnten Selbstverständnis, das viele Mitglieder des Pflegeberufs teilen. Demnach wird das Engagement, das die Arbeit mit hilfsbedürftigen Menschen verlangt, in manchen Fällen nicht mehr klar von Aufopferung unterschieden. Im Projekt wurde auch von der Mitarbeiterebene die Notwendigkeit, Grenzen zu setzen, thematisiert. Besonders im Rahmen der Bezugspflege kann die Gefahr bestehen, dass sich Pflegekräfte die Belange der Patienten übermäßig zu Eigen machen. Das Bewusstsein, dass die Pflege der eigenen physischen und psychischen Gesundheit letztlich auch dem Kunden dient, sollte in diesem Zusammenhang noch stärker gefördert werden.

4. Ausblick: Imagewandel der Pflegeberufe als Aufgabe der Einrichtungen

Pflegeberufe gelten als belastend und schlecht bezahlt. Befragte Mitarbeiter in der *Altenpflege* äußern, dass sich die Belastungen letztendlich nicht wesentlich reduzieren ließen, sodass ein Verbleib bis zur Rente unrealistisch sei. Die Führungskräfte wiederum beklagen, dass viele in die Altenpflege gingen, weil sie keine andere Wahl hätten. Die Attraktivität des Berufs sei für gut qualifizierte Personen zu gering.

Der Bereich der Altenpflege ist erst in den letzten 20 Jahren als ein wichtiges eigenständiges Berufsfeld anerkannt worden. Er steht noch immer im Ruf schlecht bezahlter Frauenarbeit. Der kürzlich verabschiedete Mindestlohn für Pflegehilfskräfte trägt zu diesem Bild eher noch bei. Seit Mitte 2010 hat das Land Baden-Württemberg den Zugang zu Pflegeberufen auch für Schulabbrecher und Langzeitarbeitslose geöffnet. Diese Öffnung wäre zu ergänzen durch eine Öffentlichkeitsarbeit, die gleichwohl hohe Anforderungen an Fachlichkeit und soziale Kompetenz des Personals kommuniziert, um nicht den Eindruck einer Absenkung des Qualitätsstandards entstehen zu lassen.

Ein stärkeres politisches Engagement für die Altenpflege ist erkennbar: Es gibt kaum ein Bundesland, das in den letzten Jahren nicht versucht hätte, für den Beruf zu werben. Das Bundesgesundheitsministerium und das Familienministerium haben ebenfalls Werbe- und Imagekampagnen durchgeführt.

In der *Krankenhauspflege* ist eine vergleichsweise höhere Professionalisierung – sowohl faktisch als auch in der öffentlichen Wahrnehmung – festzustellen. Auch der Verdienst ist höher (vgl. Goesmann/Nölle 2007). Dennoch leiden auch hier die Mitarbeiter unter ähnlichen physischen und psychischen Belastungen und einem wenig attraktiven Berufsimage.

Für beide Gruppen ist festzuhalten, dass an konkreten Zukunftsperspektiven im Beruf noch zu arbeiten ist. Aufstiegs- oder Spezialisierungsmöglichkeiten könnten ihn attraktiver machen. Zu prüfen sind auch mögliche alternative Beschäftigungswege speziell in der Krankenhauspflege, die einen Tätigkeitswechsel entsprechend den Anforderungen und Erwartungen älterer und alternder Mitarbeiter ermöglichen (vgl. Freiling 2011b).

Hier sind die Einrichtungen selbst und ihre Verbände gefordert. Die künftig weiter wachsende Nachfrage nach Pflegedienstleistungen und die Aufmerksamkeit, die sich auf den wachsenden Pflegesektor richtet (vgl. Enste/Pimpertz 2008), können die Entwicklung eines verbesserten Berufsbilds begünstigen. Die Einrichtungen, die in Konkurrenz zueinander zunehmend um Fachkräfte werben müssen, werden darauf verwiesen sein, sich als attraktive Arbeitgeber zu positionieren und damit auch die Arbeitsbedingungen und die Perspektiven in den Pflegeberufen weiter zu verbessern.

Literatur

BGW (2006) (Hg.):
Älter werden im Pflegeberuf – Fit und motiviert bis zur Rente, eine Handlungshilfe für Unternehmen. Hamburg

Biederbeck, M. (2007):
Arbeits- und Gesundheitsschutz zur Zukunftssicherung der Pflege: Anforderungen aus Sicht der Branche. In: BGW (Hg.): Gesundheitsschutz und Altenpflege, Tagungsband bgw zum Forum 4.–6. September 2007. Hamburg, S. 22–23

BMWA (2005):
Stellenbesetzungsprozesse im Bereich „einfacher" Dienstleistungen. Abschlussbericht einer Studie im Auftrag des Bundesministeriums für Wirtschaft und Arbeit. Berlin

Bomball, J./Schwanke, A./Schmitt, S./Stöver, M./Zimmermann, M./Görres, St. (2010):
Individuelle Bildungsgänge im Berufsbildungssystem. In: Berufs- und Wirtschaftspädagogik online, Nr. 18. Online verfügbar unter: www.bwpat.de/content/ausgabe/18/bomball-et-al/ (letzter Zugriff am 25.11.2010)

Enste, D./Pimpertz, J. (2008):
Wertschöpfungs- und Beschäftigungspotenziale auf dem Pflegemarkt in Deutschland bis 2050. IW Trends, Nr. 4. Köln

Freiling, T. (2011a):
Demografische Entwicklungstrends und Auswirkungen auf die Pflegewirtschaft. In: Loebe, H./Severing, E. (Hg): Zukunftsfähig im demografischen Wandel, Herausforderungen für die Pflegewirtschaft. Bielefeld, S. 9–26

Freiling, T. (2011b):
Demografiebedingte Herausforderungen in der Pflege nachhaltig bewältigen – Skizzierung des weiteren Forschungs- und Entwicklungsbedarfs. In: Loebe, H./Severing, E. (Hg): Zukunftsfähig im demografischen Wandel, Herausforderungen für die Pflegewirtschaft. Bielefeld, S. 9–26

Gerisch, S./Ostendorf, P. (2010):
Nachhaltige Personalpolitik: Mitarbeiterkompetenzen ermitteln und fördern. Vorhandene Stärken nutzen. In: Häusliche Pflege, Nr. 9, S. 20–25

Goesmann, Ch./Nölle, K. (2009):
Berufe im Schatten. Die Wertschätzung für die Pflegeberufe im Spiegel der Statistik. Dortmund

Harder, J./Ammermann, L. (2005):
Die Praxis der Mitarbeiterführung. Hannover

Hasselhorn, H.-M./Tackenberg, P./Büscher, A./Stelzig, S./Kümmerling, A./ Müller, B.-H. (2005):
Wunsch nach Berufsausstieg bei Pflegepersonal in Deutschland. In: Hasselhorn, H.-M./Müller, B.-H./Tackenberg, P./Kümmerling, A./Simon, M.: Berufsausstieg bei Pflegepersonal. Arbeitsbedingungen und beabsichtigter Berufsausstieg bei Pflegepersonal in Deutschland und Europa. Hg. von der Bundesanstalt für Arbeitsschutz und Arbeitsmedizin. Dortmund/Berlin/Dresden, S. 135–146

Ilmarinen, J./Tempel, J. (2002):
Arbeitsfähigkeit 2010. Was können wir tun, damit Sie gesund bleiben? Hamburg

Joost, A. (2007):
Berufsverbleib und Fluktuation von Altenpflegerinnen und Altenpflegern. Frankfurt

Kromark, K./Ostendorf, P. (2011):
Arbeitsanforderungen im Pflegeberuf – Ergebnisse empirischer Studien im Überblick. In: Loebe, H./Severing, E. (Hg): Zukunftsfähig im demografischen Wandel, Herausforderungen für die Pflegewirtschaft. Bielefeld, S. 27–36

Reuschenbach, B. (2004):
Personalgewinnung und Personalauswahl für die Pflege. München

Rump, J./Eilers, S. (2006):
„Managing Employability“ In: Rump, J./Sattelberger, T./Fischer, H. (Hg.): Employability Management – Grundlagen, Konzepte, Perspektiven. Wiesbaden, S. 13–73

Stadler, P./Strobel, G. (2006):
Der Einfluss von Führungsverhalten auf die psychische Belastungssituation von Mitarbeitern. Online verfügbar unter: www.lgl.bayern.de (letzter Zugriff am 27.07.2010)

Zimber, A. (2010):
Älter werden in der Pflege – Führung vor der demografischen Herausforderung (Präsentation). Online verfügbar unter: www.f-bb.de (letzter Zugriff am 27.07.2010)

Alternsgerechte Arbeit im Krankenhaus

Heiner Dunckel

1. Einleitung

Im folgenden Beitrag wird aus einem gerade abgeschlossenen Projekt berichtet, das die „Analyse und Gestaltung alter(n)sgerechter Arbeitsbedingungen in Krankenhaus und Pflegeheimen" (kurz: GAbi)[1] zum Gegenstand hatte. Die Untersuchungen fanden bei und in Kooperation mit der Evangelisch-Lutherischen Diakonissenanstalt zu Flensburg (kurz: Diako) statt. Die Diako ist ein Unternehmen in kirchlicher Trägerschaft mit rund 2.750 Beschäftigten und mehr als 20 Kliniken, Instituten und Zentren, das sich in fünf Bereichen engagiert: Kirche[2], Krankenhäuser, Altenpflege („Leben im Alter"), Familie und Service. Die Krankenhäuser und die Altenpflege stellen dabei die Kernbereiche der Diako dar.

Ziel des Projektes war die ausführliche Analyse der Arbeitssituation insbesondere älterer Beschäftigter mit verschiedenen Methoden sowie die Erarbeitung konkreter Maßnahmen zur Verbesserung der Arbeitssituation in Workshops mit Beschäftigten unterschiedlicher Altersgruppen im Sinne einer qualifizierenden Arbeitsgestaltung (vgl. z. B. Ulich 2005). Die Frage war in diesem Zusammenhang, ob sich ältere Beschäftigte in ihrer Leistungsfähigkeit und in ihrer Verarbeitung kritischer Belastungskonstellationen von jüngeren Beschäftigten unterscheiden und besonderer Maßnahmen bedürfen.

Das Hauptaugenmerk lag im Verlauf des Projekts auf der Gestaltung alter(**n**)sgerechter Arbeitsbedingungen, da sich die Gestaltung der Arbeit nicht auf ein bestimmtes Alter (z. B. nur ältere Beschäftigte), sondern auf das gesamte Erwerbsleben beziehen sollte. Es wurde somit der Ansatz verfolgt, möglichst frühzeitig belastende und fördernde Bedingungen zu identifizieren und zu verändern und damit dem arbeitsinduzierten Voraltern (vgl. Hacker 1996) entgegenzuwirken.

---

1 Das Projekt wurde vom Bundesministerium für Arbeit und Soziales (BMAS) gefördert und von der Bundesanstalt für Arbeitsschutz und Arbeitsmedizin (BAuA) fachlich begleitet.

2 Aufgrund der kirchlichen Tradition ist die Diako nicht nur ein Zentrum für Gesundheit und Diakonie im Norden, sondern auch eine selbständige Kirchengemeinde der Nordelbischen Ev.-Luth. Kirche.

2. Demografischer Wandel in der Pflege

Hintergrund des Projekts ist der demografische Wandel in der Gesellschaft, der mit einem deutlichen Rückgang der Erwerbsbevölkerung[3] einhergeht. Für die Unternehmen hat dies zur Folge, dass diese mit zunehmend älteren Belegschaften arbeiten (müssen), für die es nicht ohne Weiteres mehr Ersatz geben wird (vgl. Langhoff 2009; Lehr 2007; Ilmarinen 2004). Dies gilt gleichermaßen für das Gesundheitswesen (vgl. Sachverständigenrat 2009), allerdings insofern verschärft, dass die zunehmende Alterung der Gesellschaft zu einer steigenden Nachfrage nach Gesundheitsleistungen führen wird bei verringertem Erwerbstätigenpotenzial im Gesundheitswesen. Zudem steigen die medizinischen und pflegerischen Anforderungen, da die Zahl älterer und alter Patienten mit Mehrfacherkrankungen und höherer Pflegebedürftigkeit deutlich ansteigen wird. Eine immer älter werdende Belegschaft muss somit immer ältere und besonders (pflege-)bedürftige Patienten versorgen. Insbesondere in Deutschland stellt sich des Weiteren das Problem der mangelnden Attraktivität der Pflegeberufe dar, wenn z. B. aufgrund der Arbeitsbedingungen und Arbeitsinhalte knapp 20 Prozent des Pflegepersonals mehrfach im Jahr erwägen, ihren Beruf zu verlassen (vgl. Hasselhorn u. a. 2005, 2008).

Mit der Zunahme des Anteils älterer Beschäftigter stellt sich die Frage der Leistungsfähigkeit dieser im besonderen Maße, da die Leistungsfähigkeit und Produktivität eines Unternehmens zunehmend von der Leistungsfähigkeit älterer Beschäftigter abhängig sein wird. Entgegen der politisch und öffentlich geäußerten Befürchtung und Annahme lässt sich jedoch festhalten, dass die berufliche Gesamtleistung – mit einigen wenigen Ausnahmen – praktisch keinen Unterschied zwischen jüngeren und älteren Beschäftigten aufweist (vgl. Lehr 2007; Langhoff 2009).

Ältere Beschäftigte sind nicht leistungsgemindert, sondern leistungsgewandelt. Leistungseinbußen im körperlichen und geistigen Bereich können durch Erfahrung und Expertise ausgeglichen (vgl. Ilmarinen 2004; Langhoff 2009; Roth/Wegge/Schmidt 2007; Semmer/Richter 2004) oder durch entsprechende Arbeitsmittel und Arbeitsorganisation sowie körperliches und geistiges Training (vgl. Ilmarinen 2004) gut kompensiert werden, oder aber deutliche (insbesondere geistige)

---

[3] So ist in Deutschland zwischen den Jahren 2000 und 2040 mit einem Verlust von 40 Prozent der Erwerbspersonen zu rechnen (vgl. Langhoff 2009) – von etwas mehr als 40 Millionen Erwerbspersonen auf ca. 25 Millionen Erwerbspersonen.

Leistungseinbußen zeigen sich erst im achten und neunten Lebensjahrzehnt (vgl. auch Lehr 2007).

Insbesondere durch die Gestaltung von Arbeitsbedingungen lässt sich das sogenannte arbeitsinduzierte Voraltern (Hacker 2004; vgl. auch Ilmarinen 2004; Lehr 2007) verringern bzw. diejenigen Arbeitsbedingungen vermeiden, die die Gesundheit gefährden und die Entwicklung der Persönlichkeit beeinträchtigen und damit eine Person vorzeitig altern lassen.

Vor dem Hintergrund der kurz skizzierten Ausführungen war somit die Hypothese, dass sich kaum Unterschiede in Gesundheit und Befinden zwischen den verschiedenen Altersgruppen finden lassen, und wenn, dann sind diese eher auf das Jobalter denn auf das (kalendarische) Alter zurückzuführen.

3. Analyse der Arbeitssituation

Im Rahmen des Projekts wurden zur Analyse der Arbeitsbedingungen verschiedene Methoden miteinander kombiniert. Mit der Kombination verschiedener Methoden wurde die Idee einer „qualifizierenden Arbeitsgestaltung“ (vgl. Ulich 2005; Frei u.a. 1996) verfolgt, indem die Beschäftigten durch die Teilnahme an Interviews, Befragungen, Arbeitsplatzbeobachtungen und Workshops und den dazugehörigen Rückmeldungen dazu angeregt wurden, ihre Arbeit selbst zu analysieren und Gestaltungsvorschläge zu formulieren. Im Rahmen des Projekts wurden deshalb u.a. strukturierte Experteninterviews, Befragungen der Beschäftigten zu zwei Zeitpunkten (2007 und 2009) mit Fragebogen sowie ausführliche Arbeitsplatzbeobachtungen durchgeführt. Im Folgenden soll jedoch nur auf die Befragungen der Beschäftigten in der Pflege eingegangen werden.[4]

Die Beschäftigten der Diako wurden zu zwei Zeitpunkten befragt, und zwar im Februar 2007 und im September 2009. Im Februar 2007 wurden 1.522 Fragebogen an die Beschäftigten der Diako verteilt und mit einem Freiumschlag versehen. Insgesamt 880 Beschäftigte[5] bzw. 340 Pflegekräfte[6] schickten den Frage-

4 Im Rahmen des Projekts wurden alle Berufsgruppen des Krankenhauses und aus Altenpflegeeinrichtungen berücksichtigt.

5 Dies entspricht einer Rücklaufquote von insgesamt 58 Prozent.

6 Pflegekräfte im „engeren Sinne“, also ohne Altenpfleger(innen), Hebammen und Kinderkrankenschwestern/-pfleger.

bogen zurück. In einem zweiten Durchlauf wurden im September 2009 1.566 Fragebogen verteilt, die an zentralen Ein- und Ausgangsbereichen der Diako in Sammelkästen („Wahlurnen") zurückgegeben werden konnten. Hier füllten 571 Beschäftigte[7] bzw. 219 Pflegekräfte den Fragebogen aus.

Die Auswahl der Fragen wurde von dem Ziel geleitet, etwaige Unterschiede zwischen den Altersgruppen und insbesondere zwischen den jüngeren und älteren Beschäftigten möglichst genau abzubilden. Entsprechend dem Konzept Anforderung/Belastung (vgl. Leitner 1999; Oesterreich 1999; Richter/Nebel/Wolf 2009) wurde sowohl nach positiven Merkmalen der Arbeit („Ressourcen") als auch nach negativen Merkmalen („Belastungen") gefragt. Die Fragen und Skalen stammen aus dem SALSA (Salutogenetische Subjektive Arbeitsanalyse) (vgl. Rimann/Udris 1997), dem TAA-KH-S (Tätigkeits- und Arbeitsanalyseverfahren für das Krankenhaus) (vgl. Büssing/Glaser 1998) und dem FASS (Fragebogen zur Arbeitssituation an Schulen) (vgl. Kaempf/Krause 2004; Krause 2004). Darüber hinaus lag es nahe, danach zu fragen, ob sich die Beschäftigten in ihren Arbeitsstrategien (vgl. Frese/Stewart/Hannover 1987; Schwarzer/Jerusalem 2004) und ihren Erwartungen an die Arbeit (vgl. Peter 2003) unterscheiden. Schließlich wurde nach den potenziellen Wirkungen der Arbeit auf das psychosoziale Befinden der Beschäftigten gefragt, wiederum um festzustellen, ob sich Arbeitsbedingungen auf ältere Beschäftigte anders oder stärker auswirken. Folgende Merkmale wurden erhoben: Zufriedenheit mit der Arbeit (vgl. Peter 2003), Freiburger Beschwerdeliste (vgl. Mohr 1986), „Burnout" mit dem Beanspruchungsscreening bei Humandienstleistungen (vgl. Hacker/Reinhold 1999) und Work-Family-Conflict (vgl. Gutek et al. 1991). Der Fragebogen 2009 wurde noch um eine Kurzform zur Beurteilung des Arbeitsbewältigungsindex ergänzt.[8]

Aus Platzgründen möchte ich im Folgenden nur auf die Ergebnisse der Befragung im Jahre 2009 eingehen, da diese die aktuellere ist und sich die Ergebnisse weitgehend mit den Ergebnissen der Befragung im Jahre 2007 decken.

Belastungen: Die Beschäftigten schätzten ihre „Belastungen" anhand der Skalen der oben genannten Verfahren (SALSA, TAA-KH und FASS) wie folgt ein (vgl. Abbildung 1):

---

7 Hier betrug die Rücklaufquote insgesamt 36 Prozent.

8 Vgl. auch www.inqa.de

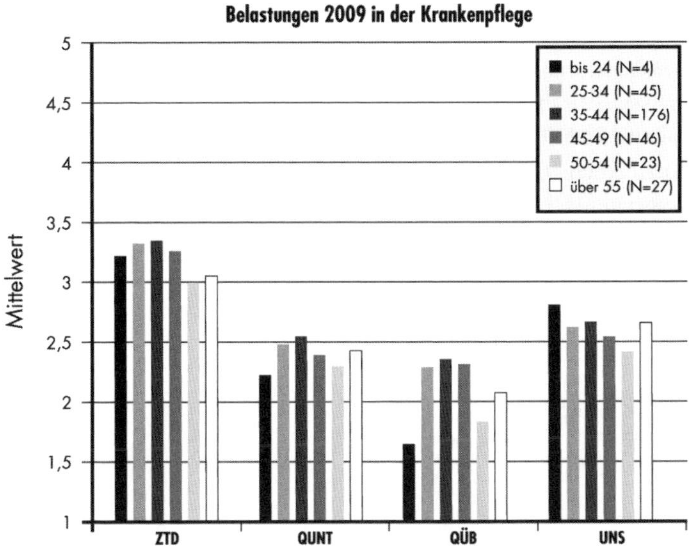

5-stufige-Skalen, 1=trifft nicht zu/keine Belastung, 5=trifft sehr zu/hohe Belastung;

ZTD=Zeitdruck, **QUNT**=Quantitative Unterforderung,
QÜB=Qualitative Überforderung, **UNS**=Unsicherheit;

die Balken stellen die verschiedenen Altersgruppen dar, in Klammern jeweils die Anzahl der Befragten pro Altersgruppe.

Abbildung 1: Belastungen 2009 in der Krankenpflege

Wenn man als kritischen Bereich die Werte oberhalb „3“[9] nimmt, dann zeigten sich bei dieser Untersuchung nur beim *Zeitdruck* leicht kritische Werte. Die anderen Belastungsdimensionen wurden von den Beschäftigten günstiger eingeschätzt. Zwischen den Altersgruppen fanden sich keine (statistisch) bedeutsamen Unterschiede[10]; tendenziell scheinen ältere Beschäftigte sogar weniger „Belastungen“ anzugeben.

Ressourcen: Ähnlich wie bei der Befragung im Jahr 2007 lässt sich auch bei der Befragung 2009 feststellen, dass die Arbeit in der Krankenpflege von den Beschäftigten als anspruchsvoll und vielfältig eingeschätzt und die soziale Unter-

9 Der Wert „3“ ist bei der 5-stufigen Skala der Skalenmittelpunkt mit der Ausprägung „trifft mittelmäßig zu“.

10 Wenn im Folgenden von „statistisch bedeutsamen Unterschieden“ gesprochen wird, dann werden in der Regel die Ergebnisse einer einfaktoriellen Varianzanalyse mit dem Scheffé-Test berichtet mit einem Alpha von mindestens 5 Prozent.

stützung durch Kollegen und Vorgesetzte als hoch bewertet wurden. Als problematisch können der *Handlungsspielraum (Zeit und Vorgehen)* und die *Beteiligungsmöglichkeiten* angesehen werden, die deutlich Werte unter „3“ erreichen.

Die altersspezifischen Aspekte sind auch hier – wie schon bei der Befragung 2007 – uneinheitlich. Tendenziell zeigt sich eine leichte Abnahme der „Ressourcen“ bei den älteren Beschäftigten, die sich aber nicht wirklich statistisch absichern lässt (vgl. Abbildung 2).

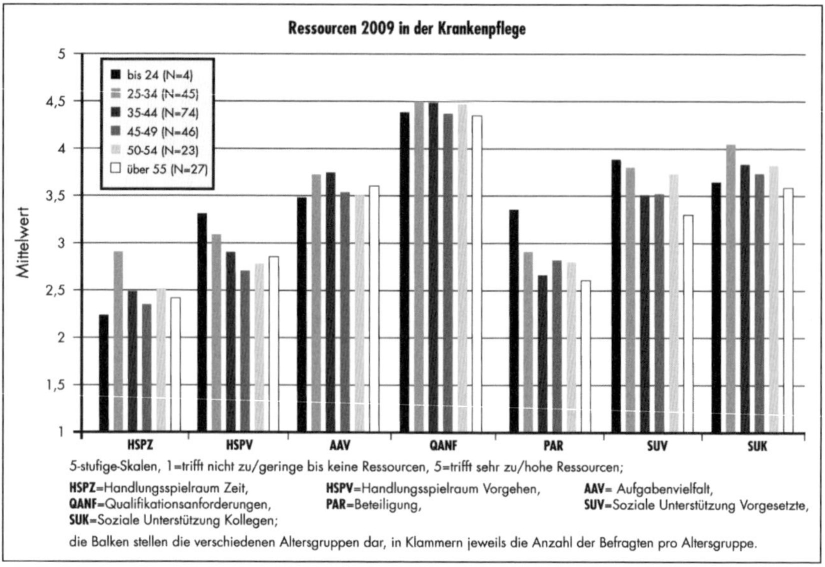

Abbildung 2: Ressourcen 2009 in der Krankenpflege

Befinden: In diesem Bereich sollten die Beschäftigten ihr psychosoziales Befinden anhand der genannten Skalen einschätzen, um die potenziellen Wirkungen der Arbeit auf das psychosoziale Befinden der Beschäftigten – insbesondere der älteren Beschäftigten – zu erfassen.

Bei der Befragung 2009 zeigte sich ein grundsätzlich positives Bild (vgl. Abbildung 3). Die *psychosomatischen Beschwerden* sind eher gering (allerdings bei den älteren Beschäftigten etwas höher) und die *Zufriedenheit* eher positiv ausgeprägt. Nur bei der *Emotionalen Erschöpfung* ergaben sich Werte, die ein gestaltungsbedürftiges Niveau erreichen. Da dieser Aspekt des Burnouts auch in den vorliegenden Daten bedeutsam mit dem Zeitdruck und anderen Belastungsdimen-

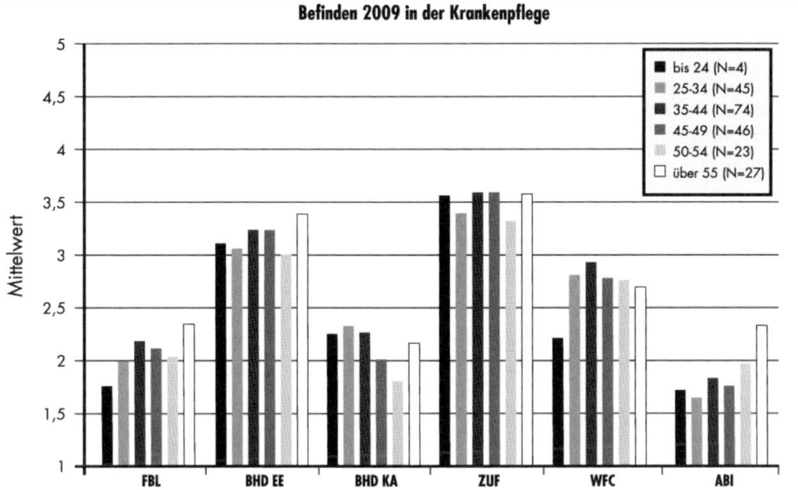

FBL=Freiburger Beschwerdeliste (5-stufige-Skala, Auftreten psychosomatischer Beschwerden, 1=nie, 5=fast täglich);
BHD=Beanspruchungsscreening für Humandienstleistungen (**EE**=Emotionale Erschöpfung; **KA**=Klientenaversion; 7-stufige-Skala, 1=völlig unzutreffend, 7=völlig zutreffend; N=491);
ZUF=Arbeitszufriedenheit (5-stufige-Skala, 1=sehr unzufrieden, 5=sehr zufrieden);
WFC=Work-Family-Conflict (5-stufige-Skala, 1=trifft nicht zu, 5=trifft sehr zu);
ABI=Arbeitsbewältigungsindex (1=sehr gut, 2=gut, 3=mäßig, 4=kritisch); die Balken stellen die verschiedenen Altersgruppen dar, in Klammern jeweils die Anzahl der Befragten pro Altersgruppe.

Abbildung 3: Befinden 2009 in der Krankenpflege

sionen *(Qualitative Überforderung, Unsicherheit, Qualitative Unterforderung)* korreliert, ist hier die Richtung einer Veränderung angebbar, nämlich wesentlich der Abbau des Zeitdrucks.

Altersspezifische Effekte: Altersspezifische Effekte zeigten sich sowohl bei der Vereinbarkeit von *Beruf und Familie (WFC)* – im Unterschied zur Befragung 2007 – als auch beim *Arbeitsbewältigungsindex (ABI)*. Mit zunehmendem Alter sinkt tendenziell (und erwartungsgemäß) der Konflikt von Beruf und Familie. Gleiches trifft für die Fähigkeit zur Bewältigung der Arbeit zu; diese sinkt ebenfalls mit zunehmendem Alter. Dies gilt auch für die von den Befragten eingeschätzte Arbeitsfähigkeit in Bezug auf die Nacht- und Schichtarbeit. Auf einer fünfstufigen Skala (1=sehr schlecht, 5=sehr gut) schätzten die über 55-Jährigen ihre Fähigkeit zur Bewältigung der Nacht- und Schichtarbeit (AM[11]=2,88) schlechter ein als die Jüngeren (bis 34 Jahre AM=3,53). Die generellen Empfehlun-

[11] AM steht für das arithmetische Mittel.

gen insbesondere zur Gestaltung der Nachtarbeit (vgl. Beermann 2005; Sczesny 2007) gelten hiermit vor allem für ältere Beschäftigte.

Psychosomatische Beschwerden: Bei genauerer Betrachtung der psychosomatischen Beschwerden zeigen sich allerdings einige problematische Auffälligkeiten. So klagten fast 30 Prozent der Beschäftigten bzw. 40 Prozent der Beschäftigten über 55 Jahre alle paar Tage oder täglich über Rücken-, Nacken- und Schulterschmerzen. Darüber hinaus fühlten sich mehr als 20 Prozent der Beschäftigten bzw. 25 Prozent der Beschäftigten über 55 Jahre fast täglich oder alle paar Tage (den Tag über) müde und zerschlagen und mehr als 25 Prozent der Beschäftigten bzw. mehr als 35 Prozent der älteren Beschäftigten über 55 Jahre berichteten über tägliche oder häufigere Schlafstörungen.

4. Fazit

Grundsätzlich kann die Arbeit im Krankenhaus und in den Altenheimen (der Diako) als anspruchsvoll und vielfältig angesehen werden, allerdings verbunden mit höheren Belastungen. In den Befragungen schätzten die Beschäftigten tendenziell ihre Ressourcen höher ein als Untersucher im Rahmen der Tätigkeitsbeobachtungen. Bei den Tätigkeitsbeobachtungen wurden insbesondere in der Kranken- und Altenpflege der *Entscheidungsspielraum,* die *Kommunikationserfordernisse*, aber auch der *Zeitspielraum* und die *Gestaltbarkeit der Arbeit* geringer bewertet und als gestaltungsbedürftig angesehen.

Bei allen drei Untersuchungsmethoden (Interviews, Befragungen, Arbeitsplatzbeobachtungen) konnten Belastungen festgestellt werden. In der Pflege sind *Zeitdruck* und *Unterbrechungen der Arbeit* durch Personen (z. B. Kollegen, Angehörige) wesentliche und alltägliche Belastungen. Auch die vielen kleineren Erschwerungen der Arbeitsausführung sind belastend. Vorrangig müssen bei den Pflegekräften somit der *Zeitdruck* abgebaut und die *Unterbrechungen* reduziert werden. Darüber hinaus konnten körperliche Belastungen (Rückenschmerzen) und Probleme bei der Schichtarbeit festgestellt werden.

Unterschiede zwischen den Altersgruppen zeigten sich kaum oder widersprüchlich. Statistisch bedeutsam ist nur, dass die eingeschätzte Arbeitsfähigkeit bei den älteren Beschäftigten leicht absinkt[12]; dies gilt auch für ihre Fähigkeit, mit

[12] Dieses Ergebnis entspricht den Ergebnissen der NEXT-Studie (z. B. Hasselhorn/Müller/Tackenberg/Kümmerling/Simon 2005). Auch hier geht die Arbeits(bewältigungs)fähigkeit im Altersverlauf zurück. Berger und Zimber (2004) zeigen dabei für den Bereich der Altenpflege, dass dieses jedoch nur dann gilt, wenn die Arbeitssituation als „unterdurchschnittlich“ bewertet wird.

Schichtarbeitsbedingungen umzugehen. Gleichzeitig gibt es jedoch Hinweise, dass ältere Beschäftigte eher geringere Belastungen und praktisch keine Unterschiede im psychosozialen Befinden zu den jüngeren Beschäftigten aufweisen.

Die Untersuchungsergebnisse bestätigen die eingangs genannten Überlegungen, dass eine alternsgerechte Gestaltung der Arbeit ein sinnvoller Weg ist. Es sollten möglichst frühzeitig belastende und fördernde Bedingungen der Arbeit identifiziert und ggf. verändert werden, damit die Beschäftigten langfristig gesund und motiviert arbeiten können und dem arbeitsinduzierten Voraltern entgegengewirkt werden kann. Eine so verstandene alternsgerechte Arbeitsgestaltung ist auch altersgerecht, da sie nicht nur die Arbeitsplätze der älteren Beschäftigten im Blick hat, sondern schon frühzeitig präventiv Arbeitsbedingungen schafft, die die Gesundheit und Arbeitsfähigkeit für *alle* Beschäftigten bis ins Alter erhalten.

Nach Ilmarinen (vgl. z.B. Ilmarinen/Tempel 2002) gibt es mehrere Handlungsfelder, um die Arbeitsfähigkeit der Beschäftigten zu erhalten und zu verbessern: Gesundheit (Leistungsfähigkeit), Qualifikation (Bildung und Kompetenz), Werte (Einstellungen und Motivation) und die Arbeit selbst (Anforderungen, Belastungen, Arbeitsumgebung). Im Vordergrund des Projekts stand die Gestaltung der Arbeit selbst – also der Arbeitsaufgaben und der Arbeitsbedingungen. Für die Gestaltung einer alternsgerechten Arbeit können folgende, kurz skizzierte Maßnahmen empfohlen werden:

1. *Den demografischen Wandel gestalten:* In den Betrieben und Unternehmen ist eine systematische Altersstrukturanalyse und ein Demografiemanagement erforderlich, um den Herausforderungen des demografischen Wandels gerecht zu werden.
2. *Entscheidungsspielräume schaffen:* Anspruchsvolle Aufgaben, die eigenständige Entscheidungen und Planungen verlangen und ermöglichen, sichern sowohl das Hinzulernen neuer Kenntnisse und Fertigkeiten als auch den Erhalt der Leistungsvoraussetzungen gegen ihren altersbedingten Verlust, d.h. sie wirken sich positiv auf die Kompetenz und Motivation der Beschäftigten aus und bieten die vielfach geforderten Chancen zur individuellen Weiterentwicklung (vgl. auch Hasselhorn u.a. 2005).
3. *Belastungen abbauen:* Pflegerische Berufe sind durch eine Reihe von Belastungen behindert, die es abzubauen gilt. Vorrangig sind die Verringerung des Zeitdrucks, die ständigen Unterbrechungen des Arbeitshandelns sowie die informatorischen und motorischen Erschwerungen der Arbeit[13] zu nennen.

[13] Bei informatorischen Erschwerungen sind für die Arbeitsausführung erforderliche Informationen aktuell nicht verfügbar, unzureichend oder fehlerhaft; bei motorischen Erschwerungen sind erforderliche Arbeitsmittel nicht vorhanden oder beeinträchtigt.

4. *Rückenbeschwerden mindern:* Die Untersuchungen des GAbi-Projekts haben gezeigt, dass bei den physischen Belastungen vor allem auf die körperlichen Belastungen der Pflegekräfte zu achten ist. Langes Stehen, schweres Heben und Zwangshaltungen kommen hier häufig vor und können besonders auf längere Dauer zu deutlichen Gesundheitsbeeinträchtigungen führen – häufig werden hier Rücken-, Nacken- und Schulterschmerzen genannt.
5. *Arbeitszeit gestalten:* Die Ergebnisse des GAbi-Projektes zeigen, dass ältere Beschäftigte die Folgen der Schichtarbeit weniger gut bewältigen können. Vor dem Hintergrund des demografischen Wandels nimmt jedoch der Anteil der Älteren zu, die in der Schichtarbeit tätig sind bzw. sein müssen. Die Gestaltung der Schichtarbeit wird in den Betrieben nicht nur deshalb zu einer erheblichen Herausforderung für die betriebliche Praxis werden. Die Empfehlungen zur Gestaltung der Schicht- und Nachtarbeit müssen deshalb vorrangig bei den älteren Beschäftigten ansetzen.
6. *Qualitätszirkel einführen:* Keine Organisation kann organisatorische Probleme („Stolpersteine") auf Dauer ausschließen; sie treten immer wieder auf und müssen immer wieder von Neuem gelöst werden. Dabei handelt es sich meistens um kleinere, alltägliche Probleme, die auch vor Ort in den Stationen und Abteilungen mit geringem Budget bewältigt werden können. Aus diesem Grund ist es sinnvoll, dass die Beschäftigten einer oder mehrerer Stationen oder Bereiche regelmäßig (etwa alle vier Wochen) und ggf. im Rahmen der „normalen" Stationsbesprechungen zu einer Art Qualitätszirkel zusammenkommen, um Fragen der täglichen Arbeit zu diskutieren und Verbesserungsvorschläge zu erarbeiten.
7. *Körperliche und geistige Fitness und Gesundheit erhalten:* Körperliche Fitness und Gesundheit geht mit besseren geistigen Leistungen einher (vgl. z. B. Ilmarinen 2004; Rowe/Kahn 1998; Warr 1995). Hohe Belastungen in der Arbeit sowie eine ungesunde Lebensweise sollten deshalb vermindert werden, denn diese beschleunigen Alternsprozesse. Natürlich können und müssen die Beschäftigten auch selbst ihre Gesundheit und Leistungsfähigkeit schützen. Betriebe können dieses wiederum auf vielfältige Weise unterstützen z. B. durch betriebsärztliche Vorsorgeuntersuchungen, Ernährungsberatung, Raucherentwöhnungsprogramme, Stressbewältigung, Fitnessangebote, Bereitstellung von Hilfsmitteln, aber auch gesundheitsbezogene Zielvereinbarungsgespräche sind hier sinnvoll.

Literatur

Beermann, B. (2005):
Leitfaden zur Einführung und Gestaltung von Nacht- und Schichtarbeit. 9. Auflage. Dortmund

Berger, G./Zimber, A. (2004):
Alter(n)sgerechte Arbeitsplätze in der Altenpflege. Stuttgart

Büssing, A./Glaser, J. (1998):
Das Tätigkeits- und Arbeitsanalyseverfahren für das Krankenhaus – Selbstbeoachtungsversion (TAA-KH-S). Göttingen

Frei, F./Hugentobler, M./Alioth, A./Duell, W./Ruch, L. (1996):
Die kompetente Organisation. Zürich

Frese, M./Stewart, J./Hannover, B. (1987):
Goal Orientation and Planfulness: Action Styles as Personality Concepts. Journal of Personality and Social Psychology, 52, 6, S. 1182–1194

Gutek, B./Searle, S./Klepa, L. (1991):
Rational versus gender role explanations for work-family-conflict. Journal of Applied Psychology, 76, 4, S. 560–568

Hacker, W. (1996):
Erwerbsarbeit der Zukunft – Auch für „Ältere"? Zürich

Hacker, W. (2004):
Leistungs- und Lernfähigkeiten älterer Menschen. In: Cranach, M. v./ Schneider, H.-D./Ulich, E./Winkler, R. (Hg.): Ältere Menschen im Unternehmen. Chancen, Risiken und Modelle. Bern, S. 163–172

Hacker, W./Reinhold, S. (1999):
BHD-System. Beanspruchungsscreening bei Humandienstleistungen. Frankfurt/M.

Hasselhorn, H.M./Müller, B.H./Tackenberg, P./Kümmerling, A./Simon, M. (2005):
Berufsausstieg bei Pflegepersonal. Bremerhaven

Hasselhorn, H.M. et al. (2008):
Contribution of job strain to nurses' consideration of leaving the profession – results from the longitudinal European nurses' early exit study. SGWEH Suppl, 6, S. 75–82

Ilmarinen, J.E. (2004):
Älter werdende Arbeitnehmer und Arbeitnehmerinnen. In: Cranach, M. v./ Schneider, H.-D./Ulich, E./Winkler, R. (Hg.): Ältere Menschen im Unternehmen. Chancen, Risiken und Modelle. Bern, S. 29–47

Ilmarinen, J./Tempel, J. (Hg.) (2002):
Arbeitsunfähigkeit 2010 – Was können wir tun, damit Sie gesund bleiben? Hamburg

Kaempf, S./Krause, A. (2004):
Gefährdungsbeurteilungen zur Analyse psychischer Belastungen am Arbeitsplatz Schule. In: Bungard, W./Koop, B./Liebig, C. (Hg.): Psychologie und Wirtschaft leben – Aktuelle Themen der Wirtschaftspsychologie in Forschung und Praxis. München, S. 314–319

Krause, A. (2004):
Arbeitsanalyse und Organisationsdiagnose in Schulen: Analyse psychischer Belastungen und Ressourcen von Lehrerinnen und Lehrern als Grundlage für Schulentwicklungsprozesse. In: Böttcher, W./Terhart, E. (Hg.): Organisationstheorie in pädagogischen Feldern – Analyse und Gestaltung. Wiesbaden, S. 123–141

Langhoff, T. (2009):
Den demographischen Wandel im Unternehmen erfolgreich gestalten. Eine Zwischenbilanz aus arbeitswissenschaftlicher Sicht. Berlin

Lehr, U. (2007):
Psychologie des Alterns. 11. Auflage. Wiebelsheim

Leitner, K. (1999):
Kriterien und Befunde zu gesundheitsgerechter Arbeit – Was schädigt, was fördert die Gesundheit? In: Oesterreich, R./Volpert, W. (Hg.): Psychologie gesundheitsgerechter Arbeitsbedingungen. Konzepte, Ergebnisse und Werkzeuge zur Arbeitsgestaltung. Bern

Mohr, G. (1986):
Die Erfassung psychischer Befindensbeeinträchtigungen bei Industriearbeitern. Frankfurt

Oesterreich, R. (1999):
Konzepte zu Arbeitsbedingungen und Gesundheit – Fünf Erklärungsmodelle im Vergleich. In: Oesterreich, R./Volpert, W. (Hg.): Psychologie

gesundheitsgerechter Arbeitsbedingungen. Konzepte, Ergebnisse und Werkzeuge zur Arbeitsgestaltung. Bern, S. 141–215

Peter, S. (2003):
Wertorientierte Arbeitsgestaltung am Beispiel von Arbeitszeiten. Universität Potsdam, Dissertationsschrift

Peter, S./Ulich, E. (2003):
Analyse der Arbeitssituation von Assistenz- und Oberärztinnen und -ärzten: Erfahrungen aus zwei Projekten. In: Ulich, E. (Hg.): Arbeitspsychologie in Krankenhaus und Arztpraxis. Bern, S. 75–98

Richter, P./Nebel, C./Wolf, S. (2009):
Jenseits von Kontrolle und Belohnung – Moderne arbeitspsychologische Ansätze zur Bewertung und Gestaltung von Arbeit. Arbeit – Zeitschrift für Arbeitsforschung, Arbeitsgestaltung und Arbeitspolitik, 18, 4, S. 265–281

Roth, C./Wegge, J./Schmidt, K.-H. (2007):
Konsequenzen des demographischen Wandels für das Management von Humanressourcen. Zeitschrift für Personalpsychologie, 6, 3, S. 99–116

Rowe, J.W./Kahn, R.L. (1998):
Successful aging. New York

Sachverständigenrat (zur Begutachtung der Entwicklung im Gesundheitswesen) (2009):
Sondergutachten Koordination und Integration – Gesundheitsversorgung in einer Gesellschaft des längeren Lebens. Bonn

Schwarzer, R./Jerusalem, M. (2004):
General self-efficacy scale. In: Salek, S. (Ed.): Compendium of quality of life instruments (CD-publication; Vol. 6, Section 2A:1). Cardiff, Wales: Centre for Socioeconomic Research, Cardiff University. Haslemere, England: Euromed Communications

Semmer, N./Richter, P. (2004):
Leistungsfähigkeit, Leistungsbereitschaft und Belastbarkeit älterer Menschen. In: Cranach, M. v./Schneider, H.-D./Ulich, E./Winkler, E. (Hg.): Ältere Menschen im Unternehmen. Chancen, Risiken und Modelle. Bern, S. 95–116

Sczesny, C. (2007):
Gestaltung der Arbeitszeit im Krankenhaus. 5. Auflage. Dortmund

Udris, I./Rimann, M. (1999):
SAA und SALSA: Zwei Fragebögen zur subjektiven Arbeitsanalyse. In: Dunckel, H. (Hg.): Handbuch psychologischer Arbeitsanalyseverfahren. Zürich, S. 397–419

Ulich, E. (2005):
Arbeitspsychologie. 6. Auflage. Zürich und Stuttgart

Warr, P. (2001):
Age and work behaviour: Physical attributes, cognitive abilities, knowledge, personality traits and motives. In: International Review of Industrial and Organizational Psychology, 16, S. 1–36

Demografiebedingte Problemlagen sowie alternsgerechte Gestaltungsansätze in der Krankenhauspflege – Ergebnisse einer bundesweiten Bedarfsstudie

Mario Gottwald

1. Einleitung

Demografiefest in die Zukunft? Betrachtet man die berufsspezifischen Belastungen im Kontext der demografischen Entwicklungstrends, werden die Herausforderungen deutlich, denen die Krankenhauspflege gegenübersteht (vgl. Gerisch/Oberlies 2011; Freiling 2011; Dunckel 2011). Wenn zukünftig weniger Jüngere in den Beruf einsteigen, kann einem Fachkräftemangel in der Pflege nur dann entgegen gewirkt werden, wenn die erfahrenen Pflegekräfte länger als bisher im Beruf verbleiben und kompetent mit sich verändernden Leistungsanforderungen umgehen können.

Trotz eines hohen Problembewusstseins stehen Fragen zum Umgang mit alternden Belegschaften unter sich wandelnden Arbeitsbedingungen in der Mehrheit der deutschen Krankenhäuser und Kliniken nicht auf der aktuellen personalpolitischen Agenda. Vielmehr beschäftigt man sich vor dem Hintergrund des sich verschärfenden Kostendrucks mit der Identifizierung von Wirtschaftlichkeits- und Rationalisierungspotenzialen. Wahrnehmbar sind Strategien wie

- Personalabbau,
- interne Umstrukturierungen wie die Änderung oder Neuordnung der Aufgabenbereiche oder die Zusammenarbeit mit anderen Krankenhäusern,
- Änderungen der Rechtsform oder Wechsel der Trägerschaften.

Im Wesentlichen konnten Einsparungen durch die Reduktion der durchschnittlichen Verweildauer der Patienten und des Pflegepersonals erzielt werden (vgl. Isfort u. a. 2010).

Im Laufe der letzten Jahre wurden zudem Standardisierungsprozesse zur Sicherung der Qualität und Wirtschaftlichkeit eingeführt. In der Folge wurde das Pflegepersonal mit neuen Dokumentations-, Abrechnungs-, Qualitätssicherungs- und Fehlermanagementsystemen konfrontiert, die von ihnen häufig als zusätzliche, die Kernaufgabe der Pflege verdrängende und somit behindernde Aufgabe wahrgenommen werden. Bereits heute entfallen etwa 20 Prozent der pflegerischen Arbeitszeit auf pflegefremde und patientenferne Tätigkeiten (vgl. Blum 2003).

Eine weitere Entwicklung zeichnet sich durch die Neuordnung von Aufgabenbereichen im Krankenhaus ab. Es geht um den Rückgriff auf eine stärker patientenorientierte Pflegeorganisation, bei der eine Fachkraft die umfassende Verantwortung für die Pflege einer fest definierten Gruppe von Patienten übernimmt (vgl. Krüger 2006), oder auch um die Steuerung des einzelnen Falls während seines Aufenthalts im Krankenhaus (vgl. Gratias 2004). Zudem werden sich Prozessabläufe durch die Neuordnung an den Schnittstellen ärztlicher Dienst/Pflegedienst/Assistenz- und Servicepersonal verändern und müssen neu definiert, eingerichtet und geprüft werden (vgl. Offermanns/Bergmann 2010).

Die skizzierten Entwicklungen machen deutlich, dass die Arbeitsanforderungen und die damit verbundenen Belastungen weiter zunehmen werden. Krankenhäuser und Kliniken sind gefordert, Strategien zu entwickeln, die die Leistungsfähigkeit des Pflegepersonals langfristig sichern helfen. Dies gilt umso mehr, da im Krankenhaus zunehmend mit älteren Belegschaften die Pflege der Patienten zu erbringen ist, für die es nicht ohne Weiteres Ersatz geben wird. Die mangelnde Attraktivität des Pflegeberufs verschärft die angespannte Personalsituation zusätzlich (vgl. DBFK 2009). Der künftige Bedarf an Pflegefachkräften wird dabei allein durch intensive Rekrutierungsbemühungen oder die Verlängerung der Beschäftigung älterer Pflegekräfte nicht mehr gedeckt werden können. Die Folgen sind hohe zusätzliche Belastungen bei den verbliebenen Pflegekräften, die befürchten, ihren Qualitätsanspruch nicht mehr erfüllen zu können. Dies erhöht zudem die Gefahr des frühzeitigen Berufsausstiegs (vgl. Hasselhorn u.a. 2005). Zur Vermeidung einer Unterversorgung an Fachkräften in der Krankenhauspflege sind deshalb Konzepte erforderlich, die den Blick stärker auf die Bestandsmitarbeiter richten, um diese länger als bisher im Beruf zu halten.

Doch welche spezifischen personalpolitischen und gesundheitswirtschaftlichen Risiken sind zu erwarten? Wie können die daraus resultierenden Bedarfe analysiert und Handlungsfelder identifiziert werden? Und welche Rahmenbedingungen sind für eine erfolgreiche Umsetzung von Maßnahmen und deren nachhaltige Verankerung notwendig? Dies sind zentrale Fragen, auf die die personalverantwortlichen Akteure in deutschen Krankenhäusern dringend Antworten finden müssen.

Zur Klärung dieser Fragen ist im Projekt „Älter werden in der Pflege“ eine Machbarkeitsstudie durchgeführt worden, bei der bundesweit insgesamt 200 Pflegedienstleitungen befragt worden sind. Die Ergebnisse der Machbarkeitsstudie werden in diesem Aufsatz dargestellt und anschließend Schlussfolgerungen für die Gestaltung einer demografieorientierten Personalpolitik im Krankenhaus abgeleitet.

2. Ziele und methodischer Ansatz der Machbarkeitsstudie

Erstmalig wurde in der Machbarkeitsstudie die Bedarfslage in Einrichtungen der stationären Akutversorgung zu den Herausforderungen des demografischen Wandels auf breiter Basis erhoben, um so Ansatzpunkte zur Gestaltung von Strategien einer demografiefesten Personalpolitik zu identifizieren. Insgesamt ging es darum zu ermitteln, welche Handlungsfelder von Bedeutung und welche strukturellen und organisatorischen Rahmenbedingungen für eine erfolgreiche Implementierung von Maßnahmen zum Aufbau einer demografiefesten Unternehmensstrategie erforderlich sind.

Inhaltlich gliederte sich die Befragung in folgende Themenblöcke:

- Betroffenheit vom demografischen Wandel wie z. B. Altersstruktur, Personalengpässe oder Fachkräfterekrutierung,
- Berufsspezifische Belastungen in der Krankenhauspflege wie z. B. Zeitdruck, Arbeitsverdichtung oder Führungsverhalten,
- Gestaltung alternsgerechter Arbeitsbedingungen wie z. B. Kompetenz und Entwicklung, Arbeitsorganisation oder Gesundheitsförderung,
- Leitbild und Führung in Form einer offenen Frage zum zentralen Handlungsbedarf sowie
- Unternehmensdaten für die statistische Auswertung.

Die gewonnenen Ergebnisse dienen als Grundlage für die Erarbeitung betrieblicher Handlungsstrategien und -leitfäden zur Unterstützung der Personalverantwortlichen bei der Strategieentwicklung und -umsetzung. Sie helfen auch dabei, für die Dringlichkeit der Personalsituation in der Pflege zu sensibilisieren.

Durchgeführt wurde die Erhebung als Telefonumfrage bei 200 Pflegedienstleitungen aus bundesdeutschen Krankenhäusern und Kliniken, die per Zufallsstichprobe ausgewählt wurden. Basis für die Ziehung der Zufallsstichprobe war der zum Zeitpunkt der Studie aktuelle Destatis-Datensatz „Verzeichnis der Krankenhäuser und Vorsorge- oder Rehabilitationseinrichtungen in Deutschland“ mit einer Grundgesamtheit von 2.056 Einrichtungen. Alle Einrichtungen wurden im Vorfeld der Studie angeschrieben und über das Vorhaben informiert. Die Feldphase fand im Zeitraum April bis Mai 2009 statt.

An der Befragung beteiligten sich 40 Prozent freigemeinnützige Einrichtungen, 30 Prozent öffentlich/kommunale Träger, 25 Prozent private Träger und 5 Prozent kirchliche Träger. Die Verteilung der befragten Einrichtungen auf städtische und ländliche Regionen war relativ homogen. 108 Krankenhäuser und Kliniken befinden sich in städtischen Gebieten, 92 sind in ländlichen Regionen angesiedelt.

3. Ergebnisse der Machbarkeitsstudie

3.1 Wie sind Krankenhäuser und Kliniken vom demografischen Wandel betroffen?

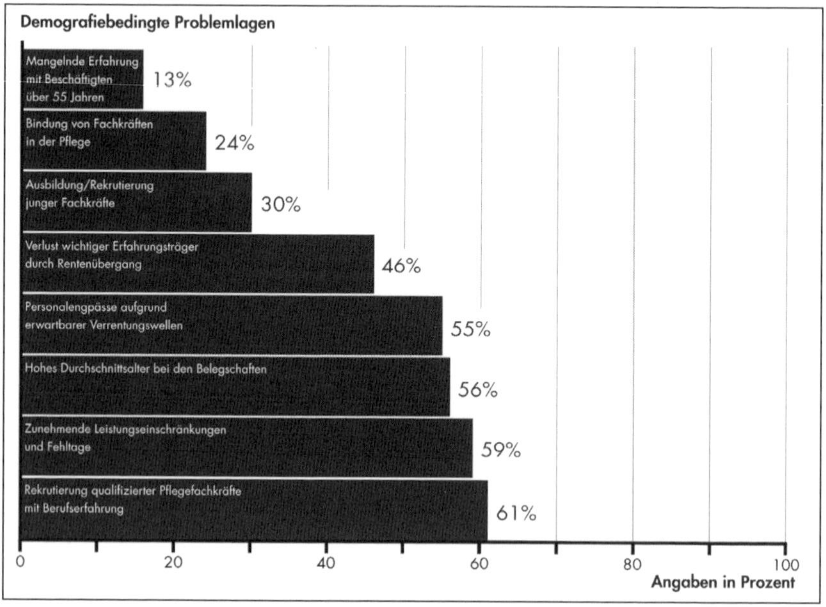

Abbildung 1: Demografiebedingte Problemlagen in der Krankenhauspflege (Mehrfachnennungen)

Die Ergebnisse der Studie verdeutlichen, dass es in Bezug auf die personalwirtschaftlichen Risiken den Personalverantwortlichen nicht an Problembewusstsein mangelt (vgl. Abbildung 1).

Bereits heute erkennen mehr als die Hälfte (56 Prozent) der befragten Pflegedienstleitungen demografiebedingte Problemlagen aufgrund eines hohen Durchschnittsalters der Belegschaften. 59 Prozent rechnen mit zunehmenden Leistungseinschränkungen und Fehltagen angesichts des erwartbaren Anstiegs älterer Pflegekräfte. Zudem werden aufgrund anstehender Verrentungswellen der geburtenstarken Jahrgänge und des schwindenden Arbeitskräftepotenzials in Bezug auf qualifizierte Fachkräfte am Markt Personalengpässe erwartet. Allein durch verstärkte Rekrutierungsbemühungen kann die wachsende Nachfrage nach Pflegekräften nicht gedeckt werden. Des Weiteren gehen in den nächsten Jahren wichtige Erfahrungsträger in Rente, deren adäquate Nachfolge sich schwierig gestalten wird.

3.2 Welche Belastungen wirken sich negativ auf die Leistungsfähigkeit des Pflegepersonals aus?

Pflegeberufe im Krankenhaus sind gleich durch mehrere berufsspezifische Belastungen gekennzeichnet: Nacht- und Schichtdienste, hohe Arbeitseinsatzflexibilität oder die Unvereinbarkeit von Familie und Beruf. Die Folgen reichen von zu hohen Krankenquoten bis zur Beschäftigungsunfähigkeit. Zentrale Herausforderung für die Krankenhauspflege ist es, Strategien zu entwickeln, die trotz der hohen berufsspezifischen Belastungen die Kompetenzen und Leistungsfähigkeit der Beschäftigten sichern. Das Rezept gegen den Pflegenotstand: Gesunde, motivierte und leistungsfähige Mitarbeiter – ein Berufsleben lang.

Um die Bedürfnisse von Jüngeren und Älteren im Kontext einer alternsgerechten Arbeit im Krankenhaus berücksichtigen zu können, ist es wichtig zu wissen, wie die verschiedenen Belastungsfaktoren in verschiedenen Lebensaltern zum Tragen kommen. Denn je nach Altersgruppe können unterschiedliche Präventions- und Kompensationsstrategien im Umgang mit den arbeitsbedingten Belastungen bedeutsam werden.

Zur Ableitung von Gestaltungskriterien einer demografiefesten Personalpolitik wurden in der Studie die Pflegedienstleitungen dazu befragt, wie sich unterschiedliche Belastungen auf jüngere und ältere Beschäftigte verschieden auswirken (vgl. Abbildung 2).

Die Ergebnisse der Studie bestätigen, dass Strategien einer demografiefesten Personalpolitik nach verschiedenen Lebensaltern differenziert werden müssen.

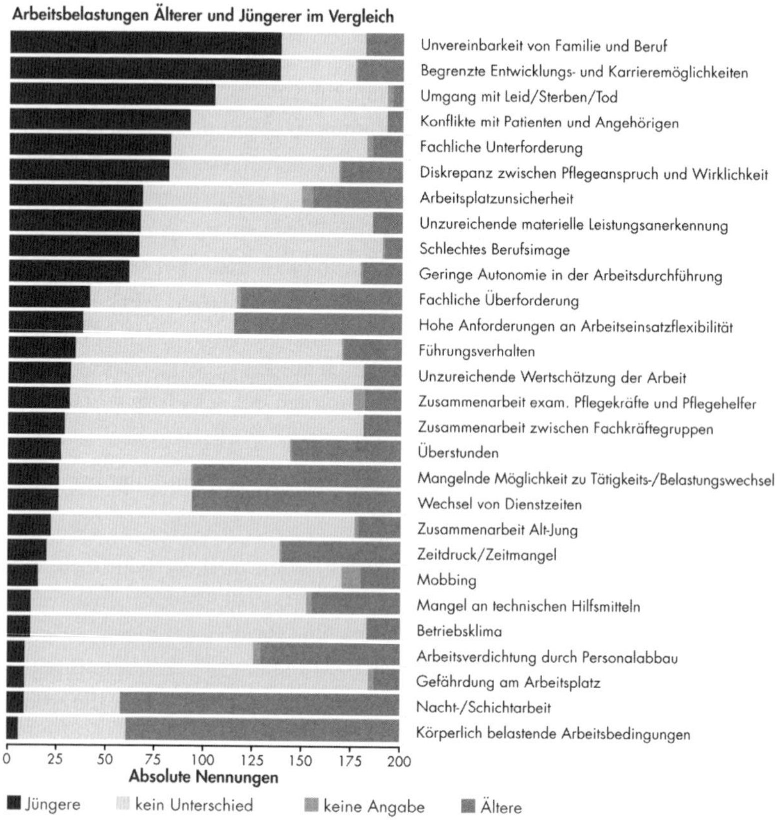

Abbildung 2: Arbeitsbelastungen Älterer und Jüngerer im Vergleich

Für Jüngere zeigt sich, dass die Unvereinbarkeit von Familienleben und Beruf sehr belastend ist – ein Risiko in Bezug auf Mitarbeiterzufriedenheit und eine langfristige Bindung. Aber auch die mangelnden Erfahrungen im Umgang mit Leid, Sterben und Tod sowie Konflikte mit Angehörigen und Patienten wirken sich insbesondere bei den jüngeren Pflegekräften belastend aus. Die Entwicklung einer professionellen Distanz und individueller Bewältigungsstrategien zum Umgang mit den psychischen Anforderungen im Pflegeberuf entwickeln sich erst mit zunehmender Berufserfahrung.

Bei älteren Beschäftigten ist es erforderlich, im Bereich der physischen Arbeitsbelastungen anzusetzen und Themen wie Arbeitsplatzergonomie oder lebensphasenorientierte Arbeitszeitmodelle in den Blick zu nehmen. Für ältere Pflegekräfte sind die hohen Anforderungen bezüglich der Arbeitseinsatzflexibilität und die mangelnden Tätigkeits- und Belastungswechsel besonders belastend. Vorbeugend gilt es auch darauf zu achten, dass die älteren Beschäftigten in der Pflege durch permanente Weiterbildung mit der voranschreitenden Professionalisierung und den arbeitsorganisatorischen Veränderungen im Krankenhaus Schritt halten können, damit diese nicht im Sinne einer fachlichen Überforderung zusätzlich als Belastungen wirken.

3.3 Wie müssen alternsgerechte Arbeitsbedingungen gestaltet werden?

Zentrales Erkenntnisinteresse der Studie war die Frage, was Krankenhäuser und Kliniken auf personalpolitischer Ebene tun können, um die Leistungsfähigkeit von Pflegefachkräften möglichst lange zu erhalten. Die Ansatzpunkte demografiebezogener Gestaltungsansätze beziehen sich dabei auf unterschiedliche Handlungsfelder (vgl. u. a. Morschhäuser 2006; f-bb/vbm/BayME 2006):

- **Kompetenz und Entwicklung:** Sicherung der Personalentwicklung und Weiterbildung auch für ältere Beschäftigte, um die vor dem Hintergrund der zu erwartenden (arbeitsorganisatorischen) Veränderungen in der Pflege notwendigen Kompetenzen sicherzustellen (z. B. gruppen- und arbeitsplatzbezogene Lernformen, stärkere Erfahrungs- und Praxisorientierung der Bildungsangebote, Bezug zur Lernbiografie)
- **Personalgewinnung und -bindung:** Sicherung des Fachkräftebedarfs durch langfristige Personalgewinnung und -bindung (z. B. Erzeugung eines positiven Images als Arbeitgeber in der Region, Förderung der Vereinbarkeit von Familie und Beruf, Etablierung einer Kultur der Wertschätzung von Berufs- und Lebenserfahrung).
- **Gesundheitsförderung:** Integration von Maßnahmen der Gesundheitsförderung, um die körperliche Leistungsfähigkeit aufrechtzuerhalten (z. B. betriebliches Gesundheitsmanagement).
- **Arbeitsorganisation und -gestaltung:** Berücksichtigung einer Arbeitsorganisation und -gestaltung, die Arbeiten bis ins Alter hinein ermöglichen (z. B. altersgerechte Arbeitsplatzgestaltung/Ergonomie, altersgemischte Teams).

Das Handlungsfeld *„Kompetenz und Entwicklung"* hat für die befragten Pflegedienstleitungen im Vergleich[1] zu den anderen Handlungsfeldern die höchste Relevanz (vgl. Abbildung 3).

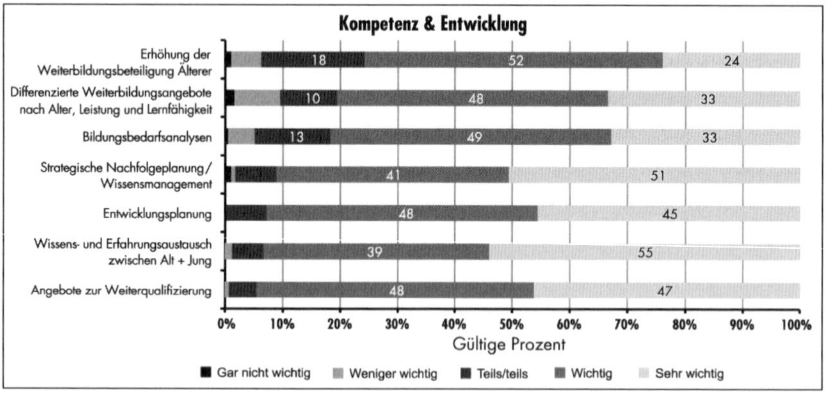

Abbildung 3: Strategien im Handlungsfeld Kompetenz und Entwicklung

Angebote zur Weiterqualifizierung sind nach Meinung der Befragten für den Auf- und Ausbau der erforderlichen fachlichen und überfachlichen Kompetenzen der Pflegekräfte in der Krankenhauspflege unabdingbar und Grundlage zur Sicherung der Pflegequalität. Angesichts der voranschreitenden Professionalisierung in der Krankenpflege und der ständigen medizinisch-technischen und arbeitsorganisatorischen Entwicklungen ist ein permanentes Weiterbilden im Sinne des lebenslangen Lernens unumgänglich.

Die Befragten geben in diesem Kontext auch mehrheitlich an, dass die Weiterbildungsangebote dabei nach Alter, Leistung und Lernfähigkeit differenziert zu gestalten sind. Damit verbunden ist eine individuelle Entwicklungsplanung für die Pflegekräfte. Weiterhin sehen die befragten Pflegedienstleitungen eine wichtige Aufgabe in der Erhöhung der Weiterbildungsbereitschaft und -motivation Älterer, wenn diese künftig verstärkt als Leistungsträger in der Pflege fungieren müssen.

Mit Blick auf die zunehmend alternde Belegschaft sehen die Befragten eine steigende Bedeutung darin, dass ein systematischer Wissens- und Erfahrungsaustausch zwischen jüngeren und älteren Beschäftigten sichergestellt wird, um neues Fachwissen mit pflegefachlichem Erfahrungswissen zu kombinieren. Die Lösung

1 Die Basis hierfür stellt der Mittelwertvergleich zwischen den einzelnen Handlungsfeldern dar.

komplexer Aufgaben und schwieriger Situationen mit Patienten und Angehörigen fällt z. B. erfahrenen Kräften oft leichter als jüngeren. Zudem verfügen Erfahrene eher über wichtige Kompensationsstrategien, die in einem durch viele Belastungen geprägten Beruf von Vorteil sind.

Im Kontext eines zunehmenden Anteils älterer Beschäftigter in der Pflege wird auch die Implementierung eines systematischen Wissensmanagements und einer Nachfolgeplanung als notwendig erachtet. Dadurch kann sichergestellt werden, dass mit dem Austritt von Pflegekräften kein wichtiges Erfahrungswissen verloren geht.

Im Handlungsfeld *„Personalgewinnung und -bindung"* ist erkennbar, dass den befragten Pflegedienstleitungen mit Blick auf die Personalrekrutierung vordringlich die Imagebildung als Arbeitgeber in der Region wichtig ist (vgl. Abbildung 4), gefolgt von einem verstärkten Ausbildungsmarketing. Um künftig dem Personalmangel entgegenzutreten, wird die Rekrutierung Älterer dagegen nur von der Hälfte der Befragten als relevant erachtet.

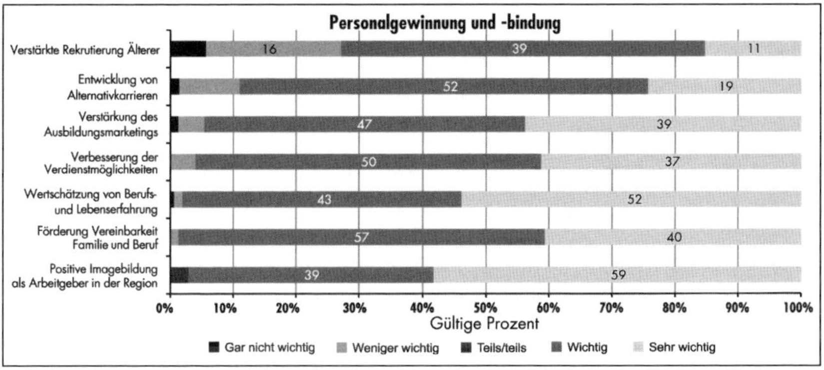

Abbildung 4: Strategien im Handlungsfeld Personalgewinnung und -bindung

Auf die Personalbindung haben nach Ansicht der Befragten vor allem die Förderung von Vereinbarkeit von Familie und Beruf sowie die Wertschätzung von Berufs- und Lebenserfahrung im Unternehmen einen hohen Einfluss. Die Entwicklung von Alternativkarrieren wird im Vergleich zu den vorgenannten Handlungsansätzen etwas geringer in ihrer Relevanz für die Personalbindung bewertet, was mitunter an einem Mangel an Möglichkeiten und dazu sich erst im Beginn befindenden Entwicklungen, wie z.B. Case-Management oder Überleitungsmanagement, begründet sein mag.

Die Verbesserung der Verdienstmöglichkeiten von Pflegekräften wird perspektivisch sowohl für die Personalgewinnung und -bindung als wichtig bis sehr wichtig erachtet, was sich auch letztlich positiv auf die Berufsbildentwicklung und dessen Image vor allem bei jungen Nachwuchskräften auswirken würde.

Dass der Pflegeberuf gesundheitlich belastend ist, spiegelt sich in den Antworten der Pflegedienstleitungen zum Handlungsfeld *„Gesundheitsförderung"* wider. Die hohe Bedeutung aller abgefragten Strategien verweist auf die dringende Notwendigkeit der Implementierung gesundheitspräventiver Maßnahmen zum Umgang mit den hohen Arbeitsbelastungen physischer und psychischer Natur (vgl. Abbildung 5).

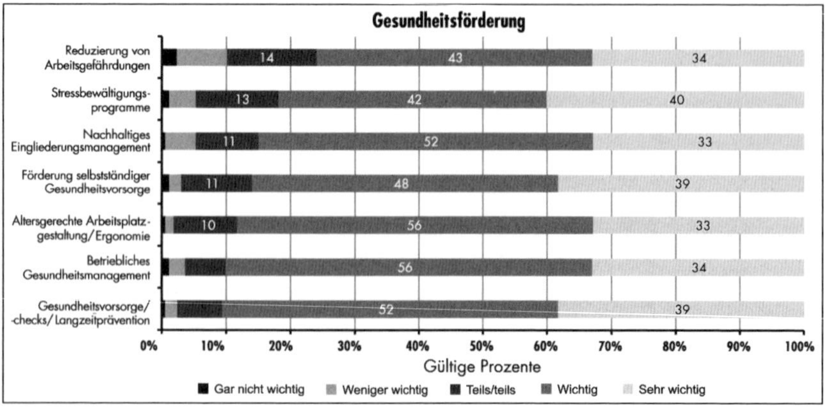

Abbildung 5: Strategien im Handlungsfeld Gesundheitsförderung

Neben entsprechenden vorbeugenden Maßnahmen im Sinne der Langzeitprävention und der Etablierung eines betrieblichen Gesundheitsmanagements muss aus Sicht der Befragten das Thema Gesundheitsförderung vor allem auch als Kompetenzentwicklungsthema auf der Ebene der Verhaltensprävention angegangen werden. Die individuelle Kompetenz im Umgang mit den Belastungen ist nach Ansicht der Befragten ebenso bedeutsam wie technische Arbeitshilfen und die Reduktion von Belastungen durch eine verbesserte Arbeitsorganisation. Von den befragten Pflegedienstleitungen wurde in diesem Kontext die Förderung der selbstständigen Gesundheitsvorsorge der Pflegekräfte als besonders wichtig erachtet. Ein noch so gut konzipiertes Gesundheitsmanagement verfehlt seine Wirkung, wenn die Pflegekräfte nicht zur Teilnahme bereit sind. Es gilt gleichermaßen, Arbeit gesundheitsförderlich zu gestalten und das Gesundheitsbewusstsein und Gesundheitsverhalten – kurz: die Gesundheitskompetenz – der Beschäftigten zu stärken und zu fördern. Hierfür sind Anreize zur eigenen Gesundheitsprävention zu schaffen und die Pflegekräfte für den förderlichen Umgang mit der eigenen Gesundheit zu sensibilisieren. Mit Blick auf die alternde Belegschaft sehen die Befragten auch einen Bedeutungszuwachs bei Strategien für ein nachhaltiges Eingliederungsmanagement. Zunehmender Zeitdruck und Arbeitsverdichtungen sowie Schnittstellenprobleme zwischen Fachkräftegruppen im Krankenhaus dürften der Grund für die von den Befragten als wichtig erachteten Stressbewältigungsprogramme sein.

Die Ergebnisse im Handlungsfeld *„Arbeitsorganisation und -gestaltung"* verweisen darauf, dass Handlungsstrategien zur Schaffung alternsgerechter Arbeitsbedingungen auf unterschiedlichen Ebenen von Bedeutung sind (vgl. Abbildung 6).

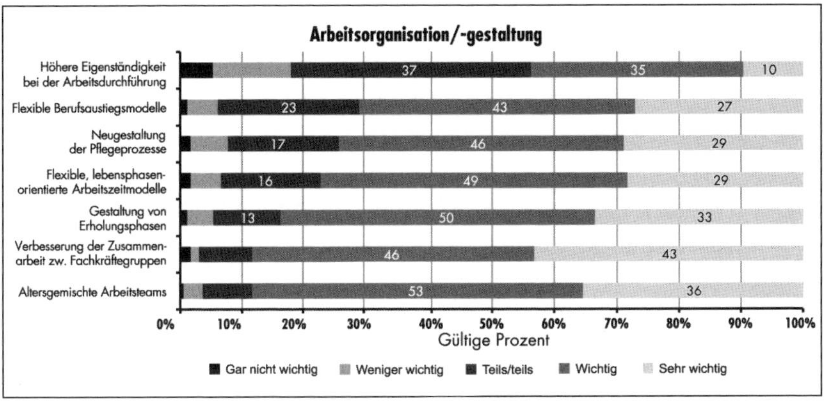

Abbildung 6: Strategien im Handlungsfeld Arbeitsorganisation und -gestaltung

Den größten Stellenwert räumen die Befragten neuen Formen der Zusammenarbeit ein: Altersgemischte Teams sowie die Verbesserung der Zusammenarbeit zwischen den Fachkräftegruppen werden mehrheitlich als wichtig bis sehr wichtig erachtet. Ein weiteres zentrales Handlungsfeld sehen die Befragten in alternativen Modellen zur zeitlichen Gestaltung der Arbeit – hier vor allem vor dem Hintergrund der belastenden Schichtplanmodelle sowie Nachtdienste. Bezüglich einer alternsgerechten Arbeitsorganisation wird auch die Neuorganisation der Pflege an der Schnittstelle ärztlicher Dienst, Pflegedienst und nachgelagerter Bereiche wie Servicehelfer von einem Großteil der Befragten als relevanter Handlungsansatz hervorgehoben.

Die Ergebnisse der Befragung von Pflegedienstleitungen zur Gestaltung einer alternsgerechten Personalpolitik zeigen, dass grundsätzlich alle der zuvor angeführten Handlungsfelder zur Bewältigung des demografischen Wandels einen hohen Stellenwert haben. Die Realisierung einer demografiefesten Personalpolitik folgt demnach nicht der Logik eindimensionaler Umsetzungskonzepte, sondern erfordert die Zusammenführung unterschiedlicher Handlungsstrategien sowohl auf der organisationalen als auch personalen Ebene.

Was aber konkret zu tun ist, kann je nach Ausgangslage in den Krankenhäusern etwas ganz Unterschiedliches sein: Ob es darum geht, neue Wege der Rekrutierung zu erschließen oder veränderte Arbeitszeitmodelle für langjährige Beschäftigte zu entwickeln, die Weiterbildung anzukurbeln oder die Personaleinsatzmöglichkeiten zu diversifizieren, hängt sowohl von der jeweiligen Art und Situation als auch von den Ressourcen und bereits vorhandenen Strategien in den Krankenhäusern ab. Erfolg versprechend ist es, in jedem Fall ein umfassendes, auf die jeweilige Bedarfslage im Krankenhaus angepasstes Portfolio von Maßnahmen zu planen und langfristig durchzuführen (vgl. Naegele/Walker 2007, Morschhäuser u.a. 2008; Geldermann 2011).

3.4 Welcher Handlungsbedarf ergibt sich für die Führungs- und Unternehmenskultur?

Die Führungs- und Unternehmenskultur ist ein weiteres zentrales Handlungsfeld zur Implementierung einer demografiefesten Personalpolitik im Krankenhaus. Die bisher beschriebenen Gestaltungselemente in Kapitel 3.3 können nicht umgesetzt werden, wenn die Personalverantwortlichen keinen Sinn in der Neuausrichtung der Personalpolitik zur Schaffung alternsgerechter Arbeitsbedingungen sehen. Sie müssen hierzu entsprechende Investitionen tätigen, deren Return on Investment sich erst mittel- und langfristig auszahlt und die sich somit der kurzfristigen Gewinnorientierung üblicher Managementkonzepte entziehen. Somit ist die Führungs- und Unternehmenskultur als ein wichtiges Querschnittsthema zu sehen.

Führungskräfte sind wichtige Treiber und Vorbilder einer Unternehmenskultur, die sich an Kompetenzen und Ergebnissen, statt an Kategorien wie dem Alter orientieren. Sie können entscheidend dazu beitragen, Vorruhestandsdenken ab- und Motivation für eine längere Lebensarbeitszeit aufzubauen. Dafür ist es erforderlich, die Führungskräfte systematisch für die Anforderungen des demografischen Wandels zu sensibilisieren und zu qualifizieren (vgl. f-bb/vbm/BayME 2006).

Die befragten Pflegedienstleitungen sehen eine wichtige Aufgabe in der Entwicklung einer wertschätzenden Unternehmenskultur gegenüber den älteren Beschäftigten. Zentral ist für die Befragten hierbei die Stärkung der sozialen Kompetenzen der Führungskräfte. Zudem sind nach Meinung der Pflegedienstleitungen Fähigkeiten bei den Führungskräften gefragt, entsprechende Bedürfnisse und Motivlagen der Beschäftigten zu erfassen und frühzeitig Maßnahmen einzuleiten, damit diese ihr Potenzial möglichst lange im Arbeitsprozess einbringen können. Auch die betriebliche Gesundheitspolitik wird im Zusammenhang mit alternden Belegschaften als zentrale Führungsaufgabe herausgehoben.

Die genannten Anforderungen implizieren ein verändertes Rollenbild der Führungskräfte: Sie müssen die Beschäftigten auf die sich verändernden Arbeitsbedingungen vorbereiten, zur Gestaltung einer alternsgerechten Unternehmenskultur beitragen und dazu Führungsleitlinien entwickeln und umsetzen (vgl. Gerisch/Oberlies 2011).

4. Schlussfolgerungen

Die Entwicklungen der Personal-, Patienten- und Krankenhausstrukturen zeigen insgesamt, dass der Pflegedienst an seiner Belastungsgrenze angekommen ist. Wie die Ergebnisse der Machbarkeitsstudie belegen, ist die Arbeitssituation der Pflegekräfte vor allem gekennzeichnet durch Belastungen aus

- quantitativen Arbeitsanforderungen und Zeitdruck,
- Diskrepanzen zwischen Pflegeanspruch und Wirklichkeit,
- Zunahme pflegeferner Tätigkeiten,
- Nacht- und Schichtarbeit,
- Spannungen zwischen Fachkräftegruppen,
- fehlenden Entwicklungsmöglichkeiten,
- fehlender Anerkennung und Wertschätzung der vorhandenen Kompetenzen sowie
- fehlender Autonomie in der Arbeitsausführung (vgl. Freiling 2010).

Die Folgen dieser vielfältigen Belastungen reichen von Demotivation und Arbeitsunzufriedenheit über erhöhte Fehlzeiten und eine allgemeine Beeinträchtigung der Gesundheit bis hin zum Wechsel des Arbeitgebers oder gar zum Berufsausstieg (vgl. DBfK 2009; Dunckel 2011). Die tatsächlichen Beanspruchungsfolgen hängen dabei von den individuellen Ressourcen der Pflegekraft ab, der Gesundheitssituation, Qualifikation und Motivation. Zusätzlich haben die Bedeutung der Arbeit für die Pflegekraft und soziale Aspekte der Arbeit wie beispielsweise die Zusammenarbeit mit Kollegen oder die Unterstützung durch die Vorgesetzten einen Einfluss darauf, welche Belastungen auch beanspruchend auf die Pflegekraft wirken (vgl. Hasselhorn u.a. 2008; Simon u.a. 2005).

Die aktuelle Arbeitssituation und die daraus resultierenden Belastungen sind damit insbesondere angesichts des drohenden Fachkräftemangels in der Pflege kontraproduktiv, denn

- einerseits besteht ein akuter Mangel von ca. 70.000 Pflegekräften (vgl. Simon 2008), der auch auf das schlechte Image des Pflegeberufs zurückzuführen ist,
- und andererseits denken 29 Prozent der beschäftigten Pflegekräfte oft darüber nach, den Beruf zu verlassen (vgl. Simon u.a. 2005).

Vor diesem Hintergrund ist in der Branche sogar von einem drohenden Pflegekollaps die Rede (vgl. DBfK 2009), denn Versorgungsengpässe in der Patientenversorgung sowie eine zunehmende Arbeitsbelastung der verbliebenen Fachkräfte sind durch diese Entwicklungen vorprogrammiert (vgl. DPR 2010). Notwendig sind daher Konzepte und Handlungsstrategien, die die Arbeitssituation der Pflegekräfte verbessern helfen (vgl. Abbildung 7). Rekurrierend auf die bereits ausgeführten arbeitsbedingten Belastungsfaktoren mit unterschiedlichen physischen und psychischen Beanspruchungsfolgen haben Handlungsstrategien einer demografiefesten Personalpolitik die Aufgabe, die individuellen Ressourcen der Pflegekräfte zu stabilisieren und zu stärken mit dem Ziel der Reduktion von Belastungen und Beanspruchungsfolgen und der positiven Auswirkung auf die Gesundheit, die Arbeitszufriedenheit und somit auf die Leistungsfähigkeit der in der Pflege Tätigen.

Das arbeitsinduzierte Voraltern in der Altenpflege bei einem gleichzeitigen Anstieg des Durchschnittsalters der Belegschaften erfordert präventive Strategien zum Erhalt der Leistungsfähigkeit über die gesamte Berufsbiografie hinweg. Ohne personalpolitische Neuorientierungen werden die Herausforderungen im Pflegebereich zukünftig nicht zu bewältigen sein. Die zentrale Anforderung für Krankenhäuser und Kliniken liegt darin, trotz der hohen berufsspezifischen Belastungen Strategien zu entwickeln, die die Gesundheit der Beschäftigten sichern und erhalten, die Kompetenzen Älterer nutzen und fördern und qualifiziertes Personal langfristig an das Unternehmen binden. Es gilt jetzt, die Weichen zu stellen, um das Absinken des Leistungsniveaus ganzer Belegschaften zu verhindern.

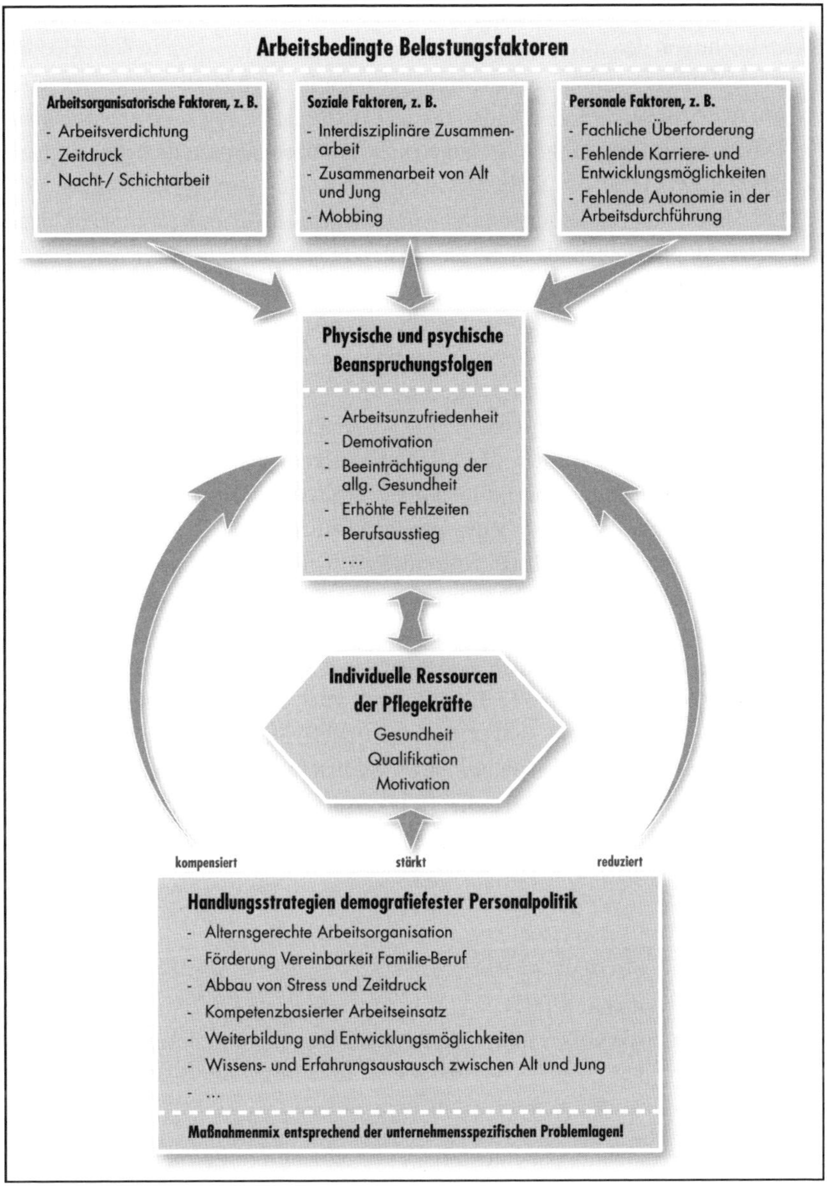

Abbildung 7: Wirkungsfeld demografiefester Personalpolitik

Deren Leistungsfähigkeit hängt dabei weniger vom (kalendarischen) Alter ab, als vielmehr von den förderlichen und hinderlichen Bedingungen in der Erwerbsbiografie. Leistungseinbußen v. a. im physischen Bereich können durch entsprechende Arbeitsmittel, eine veränderte Arbeitsorganisation sowie einen kompetenten Umgang mit Belastungen verringert bzw. kompensiert werden (vgl. Illmarinen 2002; Lehr 2007).

Die Diskussion zur Neuorganisation der Pflegeprozesse im Krankenhaus eröffnet hierzu Möglichkeiten, denn im Zuge der veränderten Formen der Arbeitsorganisation kann ein Beitrag zur Minderung von Fehlbeanspruchungen und Freisetzung von Kapazitäten in zunehmend verdichteten Arbeitsprozessen für Pflegetätigkeiten geschaffen werden. So bieten Neuordnungsprozesse z. B. das Potenzial einer Arbeitsentlastung durch Abgabe pflegeferner Tätigkeiten an Assistenzpersonal oder durch veränderte Aufgabenzuschnitte (vgl. Offermanns/Bergmann 2010). Des Weiteren entstehen Möglichkeiten, durch reibungslosere Abläufe und flexiblere Aufgabenverteilung altersgruppenspezifische Bedürfnisse besser zu berücksichtigen.

Die Neuorganisation der Pflegeprozesse eröffnet Chancen, um die Beanspruchungsfolgen für die Beschäftigten grundsätzlich zu senken und somit den Krankenhäusern Handlungsmöglichkeiten zu eröffnen, aus den demografischen Herausforderungen einen neuen Gestaltungsspielraum zu ziehen. Dies setzt aber voraus, dass die zugrunde liegenden Arbeitsprozesse so gestaltet sind, dass sie nicht zu Mehrbelastungen führen (z. B. aufgrund von Überforderungen), von den Pflegekräften zu bewältigen sind (z. B. durch qualifikatorische Erweiterung bestehender Kompetenzen) und auch akzeptiert werden, weil Entlastungseffekte spürbar sind, Freiräume für pflegerische Tätigkeiten entstehen und damit eine steigende Motivation wahrnehmbar wird.

Literatur

Statistisches Bundesamt (2005):
Pflegestatistik 2005. Pflege im Rahmen der Pflegeversicherung. Deutschlandergebnisse. Wiesbaden

Blum, K. (2003):
Pflegefremde und patientenferne Tätigkeiten im Pflegedienst der Krankenhäuser – Bestandsaufnahme und Verbesserungsvorschläge. Deutsche Krankenhausverlagsgesellschaft. Düsseldorf

DBfK (2009):
Wie sieht es im Pflegealltag wirklich aus? – Fakten zum Pflegekollaps. Ausgewählte Ergebnisse der DBfK-Meinungsumfrage 2008/09. Berlin

Deutscher Pflegerat e.V. (DPR) (2010):
DPR Presseinformation vom 21.10.2010: „Dramatischer Fachkräftemangel in den Pflegeberufen durch weitere Studien bestätigt“. Berlin

Dunckel, H. (2011):
Alternsgerechte Arbeit im Krankenhaus. In: Loebe, H.; Severing, E. (Hrsg): Zukunftsfähig im demografischen Wandel, Herausforderungen für die Pflegewirtschaft. Bielefeld, S. 75–88

f-bb, vbm, BayMe (2006):
Wege zu einer nachhaltigen Personalpolitik. Informationen und Angebote zur Lösung personalpolitischer Herausforderungen. München/Nürnberg

Freiling, T. (2010):
Älter werden in der Krankenhauspflege. Studienergebnisse zur Bedarfslage und Handlungsoptionen einer demografiefesten Personalpolitik. 32. Deutscher Krankenhaustag. Online verfügbar unter: www.deutscher-krankenhaustag.de/de/vortraege/ (letzter Zugriff am 29.03.2010)

Freiling, T. (2011):
Demografische Entwicklungstrends und Auswirkungen auf die Pflegewirtschaft. In: Loebe, H.; Severing, E. (Hrsg): Zukunftsfähig im demografischen Wandel, Herausforderungen für die Pflegewirtschaft. Bielefeld, S. 9–26

Geldermann, B. (2011):
Methoden und Instrumente einer demografiefesten Personalpolitik in der Pflege. In: Loebe, H.; Severing, E. (Hrsg): Zukunftsfähig im demografischen Wandel, Herausforderungen für die Pflegewirtschaft. Bielefeld, S. 57–74

Gerisch, S./Oberlies, J. (2011):
Demografiefeste Personalpolitik in der Krankenhauspflege – Bedarfe und Handlungsstrategien. Bielefeld

Gottwald, M./Zschunke, M. (2010):
Etablierung eines betrieblichen Altersmanagements. In: Brandel, R./ Gottwald, M./Oehme, A. (Hrsg.): Bildungsgrenzen überschreiten. Zielgruppenorientiertes Übergangsmanagement in der Region. Wiesbaden, S. 253–274

Gratias, R. (2004):
Case Management – Den Patienten zielgerichtet durch den Leistungsprozess führen. In: Die Schwester/Der Pfleger Nr. 4, S. 288–292

Hasselhorn, H. M./Mueller, B. H./Tackenberg, P./Kuemmerling, A./Simon, M. (2005):
Berufsausstieg bei Pflegepersonal. Arbeitsbedingungen und beabsichtigter Berufsausstieg bei Pflegepersonal in Deutschland und Europa. Hrsg. BAuA. Dortmund, Berlin, Dresden

Hasselhorn, H. M./Conway, P. M./Widerszal-Bazyl, M./Simon, M./Tackenberg, P./Schmidt, S./Camerino, D./Müller, B. H. (2008):
Contribution of job strain to nurses`consideration of leaving the profession – results from the longitudinal European nurses`early exit study. SJWEH Suppl 2008; Nr. 6, S. 75–82

Illmarinen, J./Tempel, J. (2002):
Arbeitsfähigkeit 2010. Was können wir tun, damit Sie gesund bleiben? Hamburg

Isfort, M./Weidner, F. u.a. (2010):
Pflege-Thermometer 2009. Eine bundesweite Befragung von Pflegekräften zur Situation der Pflege und Patientenversorgung im Krankenhaus. Hrsg. von: Deutsches Institut für angewandte Pflegeforschung e.V. (dip). Köln

Krüger, H. (2006):
Primary Nursing – lohnt sich der Aufwand? In: Die Schwester/ Der Pfleger, Nr. 2, S. 92–95

Lehr, U. (2007):
Psychologie des Alterns, 11. Auflage. Wiebelsheim

Morschhäuser, M. (2006):
Reife Leistungs-, Personal- und Qualifizierungspolitik für die künftige Altersstruktur, Berlin

Morschhäuser, M./Ochs, P./Huber, A. (2008):
Demographiebewusstes Personalmanagement – Strategien und Beispiele für die betriebliche Praxis. Bielefeld

Naegele, G./Walker, A. (2007):
Ein Leitfaden für gute Praxis im Altersmanagement. Europäische Stiftung zur Verbesserung der Lebens- und Arbeitsbedingungen, Amt für amtliche Veröffentlichungen der Europäischen Gemeinschaften. Luxemburg

Offermanns, M./Bergmann, K. O. (2010):
Neuordnung von Aufgaben des Pflegedienstes unter Beachtung weiterer Berufsgruppen. Bericht des Deutschen Krankenhausinstituts (DKI). Düsseldorf

Simon, M./Tackenberg, P./Hasselhorn, H.-M./Büscher, A./Müller, B.-H. (2005):
Auswertung der ersten Befragung der NEXT-Studie in Deutschland. Wuppertal

Simon, M. (2008):
Modellrechnung zur Schätzung der gegenwärtigen Unterbesetzung im Pflegedienst der Krankenhäuser. Hannover

Statistisches Bundesamt (2008):
Demografischer Wandel in Deutschland, Heft 2: Auswirkungen auf Krankenhausbehandlungen und Pflegebedürftige im Bund und in den Ländern. Wiesbaden

III

Gestaltungsansätze aus der betrieblichen Praxis

Demografie und Gesundheitsförderung als Anknüpfungspunkte für eine alternsgerechte Führung im Krankenhaus

Renate Hülsmann

1. Die Ausgangslage im Stiftungsklinikum Mittelrhein

Das Stiftungsklinikum Mittelrhein (SKM) besteht seit 2003 als Verbundkrankenhaus aus den Krankenhäusern Gesundheitszentrum Evangelisches Stift St. Martin in Koblenz, dem Gesundheitszentrum zum Heiligen Geist in Boppard und dem Diakoniezentrum Paulinenstift in Nastätten. Insgesamt werden in zwölf Fachabteilungen mit 607 Betten pro Jahr 19.000 stationäre und 29.400 ambulante Patienten der Region versorgt. Das SKM bietet darüber hinaus seit mehr als 50 Jahren stationäre und ambulante Rehabilitation für berufsgenossenschaftliche Unfallpatienten, darunter auch Patienten mit Querschnittlähmung an. Angegliedert an das Krankenhaus sind eine therapeutische Praxis für Physio- und Ergotherapie mit 85 Mitarbeitern, Alteneinrichtungen, eine Palliativ- und Hospizversorgung sowie ein Wohnpark. Konzepte wie „Rehajob" zur beruflichen Rehabilitation sowie zahlreiche Präventionsangebote über den Gesundheitsverein „BASIS e.V." rahmen die Angebote der Akutversorgung sinnvoll ein.

Das SKM ist seit 1999 Mitglied im Deutschen Netz gesundheitsfördernder Krankenhäuser und wurde dort mehrfach für Projekte und Konzepte ausgezeichnet. Als eines der ersten Krankenhäuser in Deutschland war das SKM 2005 rauchfreies Krankenhaus und erhielt im Deutschen Netz Rauchfreier Krankenhäuser 2009 das Silberzertifikat. Für sein betriebliches Gesundheitsmanagement wurde das SKM 2007 und 2008 mit dem Unternehmenspreis „move europe" als „excellence Partner" ausgezeichnet. Das SKM ist Mitglied im Clinotel Verbund, einem der ersten trägerübergreifenden Klinikverbünde in Deutschland.

Aktuell arbeiten im SKM und seinen angegliederten Einrichtungen 1.744 Mitarbeiter, davon 158 im ärztlichen Dienst, 737 in der pflegerischen Versorgung, 337 im medizinisch technischen Dienst und 512 in Verwaltungen und sonstigen Bereichen. Seit 2007 werden in jährlichen Abständen Mitarbeiterbefragungen zu körperlichen und psychosozialen Arbeitsbelastungen nach dem MIKE Kennzahlensystem durchgeführt.

Die Geschäftsführung hat in den Jahren 2008 und 2009 im Rahmen von Workshops mit allen rund 120 Führungskräften gemeinsame Führungsgrundsätze erarbeitet und unter dem Titel „5 V´s“ dokumentiert und veröffentlicht. Zudem erfolgt die Weiterentwicklung der Führungskompetenz im Rahmen von weiteren Schulungen und Praxisprojekten. Die Programme zur Führungskräfteentwicklung werden bedarfsorientiert weiter ausgebaut. Zudem werden die Ergebnisse der regelmäßig durchgeführten Mitarbeiterbefragungen im Rahmen von Workshops mit den Führungskräften und Teams bearbeitet und Maßnahmen zur Verbesserung von Qualität, Wirtschaftlichkeit, Führung, Zusammenarbeit und Mitarbeiterzufriedenheit vereinbart und umgesetzt. Als Führungsgrundsätze (5 V´s) wurden formuliert: Vertrauen bilden, Verantwortung übernehmen, Vorbild sein, Verbesserungen sichern und Verbindlichkeiten ausüben.

2. Das Projekt „Älter werden in der Krankenhauspflege“

2.1 Ausgangslage und Problemstellung im Projekt

Der Altersdurchschnitt aller Mitarbeitenden im SKM liegt bei 45,2 Jahren und ist vergleichsweise höher zu dem Altersdurchschnitt in den Kliniken des Clinotel Verbundes und zum Bundesdurchschnitt. Dieser Tatsache folgend und in dem Wissen, dass auch die Patienten zunehmend älter werden, ist das Interesse der Geschäfts- und Personalführung hoch, demografiebezogene flankierende Maßnahmen im Bereich des Personalmanagements und der Gesundheitsförderung zu ergreifen.

Pro Jahr werden 75 Ausbildungsplätze in der angegliederten Krankenpflegeschule bereitgestellt. Trotzdem ist ein kontinuierlicher Rückgang des Ausbildungsvolumens zu verzeichnen. Speziell in der Krankenpflege ist die Personalbindung im SKM hoch, sodass auch der Anteil älterer Beschäftigter in einigen stationären Bereichen überrepräsentativ hoch ist.

2.2 Ausgangslage der ausgewählten Pilotstation

Der Steuerungskreis für das Projekt „Älter werden in der Krankenhauspflege“ setzte sich überwiegend aus Mitgliedern des Arbeitskreises Gesundheit zusammen, in dem sich seit 2003 Führungskräfte im SKM für die Mitarbeitergesundheit engagieren. Dazu gehören: Pflegdirektorin, Personalleitung, Pflegedienstleitung, Mitarbeitervertretung, Qualitätssicherung in der Pflege, die Leitung der Intensivstation und die Koordinatorin für Gesundheitsförderung. Zur Auftaktveranstaltung war auch die Geschäftsleitung anwesend. Aus der vom f-bb durchgeführten Altersstrukturanalyse konnten verschiedene stationäre Einheiten mit einem höheren Altersdurchschnitt identifiziert werden. Ausgewählt wurde schließlich eine Station mit einem Altersdurchschnitt von 50 Jahren und interdisziplinärer Belegung, die zum großen Teil auch von externen Belegärzten belegt wird. Die ehemalige Augenstation versorgt heute zunehmend multimorbide ältere Patienten vor und nach operativen Eingriffen, die in einem sehr engen Zeitfenster aufgenommen, operiert und entlassen werden. Als Beleger dazu gekommen war zuerst die Abteilung Mund-, Kiefer- und Gesichtschirurgie, in der Folge die hausinterne Neurochirurgie und aktuell die Gefäßchirurgie. Neben der Zusammenlegung von Personal und Leitungen kamen damit weitere fachliche Aufgabenstellungen und Anforderungen auf das Pflegepersonal zu. Erschwert wurde der Prozess der Zusammenlegungen auch durch spezielle Organisationsanforderungen der externen Beleger. Die daraus resultierenden Arbeitsbelastungen wurden noch verstärkt durch unklare Aufgabenzuständigkeiten oder mangelnde Anerkennung pflegerischer Leistungen.

2.3 Ziele des Projektes

Das übergeordnete Anliegen der Projektverantwortlichen lag zunächst in der langfristigen Bewältigung der steigenden Anforderungen an alternde Belegschaften. Hierzu war es nötig, Führungskräfte verschiedener Ebenen für die Problemfelder zu sensibilisieren, die durch organisatorische, zwischenmenschliche und körperliche Belastungsfaktoren bedingt waren. Insbesondere die Führungskräfte unter den Belegärzten sollten mit eingebunden sein. Einerseits sollten die körperlichen und psychosozialen Belastungen über arbeitsorganisatorische Maßnahmen reduziert und andererseits die Handlungskompetenzen der Pflegenden im Umgang mit Belastungen gestärkt werden. Dieser ressourcenorientierte Ansatz zur Steigerung der Selbstwirksamkeit sollte sich erlebensorientiert gegen das in den Köpfen noch bestehende Defizitmodell vom Alter durchsetzen. Auf organisatorischer und struktureller Ebene sollte eine Verbesserung in den Abläufen im Zusammenhang mit der interdisziplinären Belegung erzielt werden. Das partizipative Vorgehen im gesamten Projektverlauf sollte zu einer Steigerung der Motivation führen, die Kommunikation und den Rückhalt zwischen den Mitarbeitenden und den Führungskräften verbessern und das Commitment insgesamt stärken. Darüber hinaus war es das Ziel, das Image innerhalb der Station und gegenüber den Kollegen im Haus und möglichen Nachwuchskräften positiv zu verstärken.

2.4 Projektverlauf

Nach dem Auftaktworkshop und der Auswertung der Altersstrukturanalyse mit Auswahl der Pilotstation wurde ein eintägiger Workshop zur Problemanalyse mit dem Instrument „demografiebezogene Arbeitssituationsanalyse" von einer Beraterin und Moderatorin der Berufsgenossenschaft für Gesundheitsdienst und Wohlfahrtspflege (BGW) durchgeführt. In der Analyse wurden sowohl Belastungen als auch Ressourcen abgefragt. An dem Workshop nahmen nur Mitarbeiterinnen ohne Leitungsfunktion auf der Pilotstation teil. Die Vorstellung der Ergebnisse fand in einem Strategieworkshop mit dem Steuerungsgremium statt. Als weitere Vorgehensweise wurde ein Umsetzungsworkshop mit den Mitarbeiterinnen und Führungskräften der Pilotstation, der Pflegedirektorin und der Koordinatorin für Gesundheitsförderung beschlossen und durchgeführt. Die in diesem Kontext konkret erfassten Probleme wurden gelistet, bewertet und für zwei von der Beraterin moderierte Gespräche zwischen Belegärzten und Führungskräften aller Ebenen der Pflege aufbereitet. Die dabei getroffenen Absprachen für organisatorische Verbesserungen und Problemlösungen wurden in Protokollen zusammengefasst und den Teilnehmern im Nachgang zugesandt. In einem abschließenden Evaluationsworkshop mit dem Steuerungsgremium und den Belegärzten wurden die Ergebnisse abschließend bewertet und in ihrer Bedeutung gewichtet.

2.5 Ergebnisse der Projektarbeit

Für die Erreichung der formulierten Projektziele wurden im SKM im Rahmen des Projektes folgende organisatorische Maßnahmen konzipiert und bereits zum überwiegenden Teil umgesetzt:

1. *Gemeinsame Klinikkonferenzen mit Ärzten, Stationsleitungen und Pflegedienstleitungen* werden für die verschiedenen Fachdisziplinen der Station eingeführt. Die Protokolle werden an die Geschäftsleitung weitergeleitet. Damit entsteht eine weitere Verbindlichkeit und Transparenz.
2. Eine *Neuorganisation der Visiten auf der MKG* konnte durch die Erstellung von Standards erzielt werden. Diese beinhalten beispielsweise Anweisungen

für die Versorgung nach Operationen. Dadurch wird erreicht, dass sich auch Pflegekräfte der Fachrichtung „Augen" zutrauen, Patienten der MKG fachgerecht zu versorgen. Dies ermöglicht einen flexibleren Einsatz der Pflegenden und führt dazu, dass sie auch von den Fachärzten der MKG als kompetent wahrgenommen werden. Durch diese Qualifizierung im laufenden Arbeitsalltag können Widerstände abgebaut und Fachkenntnisse weiter multipliziert werden. Zudem wurden Belastungen, welche sich durch Unsicherheiten im Umgang mit den MKG-Patienten oder durch mangelnde Anerkennung der fachlichen Fähigkeiten durch die MKG-Ärzte ergeben, reduziert.

3. *Die Visiten der Augenärzte* wurde neu organisiert. Es sind nunmehr klare Zeiten festgelegt worden, zu denen die Patienten von den Pflegenden in das Sprechzimmer gebracht werden. Eine Anwesenheit der Pflegenden während der Untersuchung ist damit nicht mehr notwendig. Die Ergebnisse der Visite werden anschließend den Patientenakten entnommen. Dies reduziert die zeitliche Bindung und damit Belastung der Pflegekräfte bei der Visite erheblich.
4. *Eine Verbesserung in der Planung von Patientenaufnahmen erfolgte,* indem die Pflegenden zukünftig rechtzeitig über An- und Abwesenheitszeiten von Ärzten informiert werden. Der Aufnahmeplan wird laufend aktualisiert und steht per EDV online zur Verfügung. Auch der Medikamentenplan vom Hausarzt und die unterschriebene Einverständniserklärung zur Operation liegen bei Aufnahme von MKG-Patienten bereits vor. Dies reduziert den administrativen Aufwand auf der Station und schafft ebenfalls Freiräume für pflegerische Tätigkeiten.
5. *Standards für das Dokumentationssystem* sollen im Umgang mit der Dokumentation zu einer Vereinheitlichung führen, die Dokumentationsqualität erhöhen und letztlich auch Zeit sparen. Eine ergänzende Dokumentation durch die Ärzte soll zu mehr Sicherheit im Umgang mit den unterschiedlichen Fachdisziplinen führen.
6. *Regelmäßige Stations- und Teamsitzungen* intensivieren den Kommunikationsfluss und die Möglichkeiten zum Feedback auf der Station. Spezielle Themen, die auf Führungsebene bearbeitet werden müssen, können durch die Leitungen in die Klinikkonferenz eingebracht werden.
7. *Ziel- und Fördergespräche zur Erweiterung des Demografiethemas sind* geplant. Eine Sensibilisierung der Führungskräfte und Mitarbeiterinnen für Belastungen und Beanspruchungen, Wohlbefinden und Körperwahrnehmung soll über die arbeitsbegleitende Einführung eines *Dialogs Gesundheit* erreicht werden. Für die körperlichen Beanspruchungen bei der perioperativen Mobi-

lisierung von multimorbiden Patienten sollen im Rahmen des Dialogs Gesundheit ergonomische Trainingseinheiten zum Einsatz kommen. Längerfristig sollen die Stationsleitungen befähigt werden, den Dialog Gesundheit regelmäßig eigenständig zu moderieren. Spezielle Angebote zu Bewegung, Ernährung und Entspannung können in den entsprechenden therapeutischen Fachbereichen angefordert werden.

Insgesamt war beeindruckend, wie es bereits durch die Ergebnisse der Altersstrukturanalyse bei den Führungskräften zu einer veränderten Wahrnehmung für das Thema Demografie kam. Das was in der täglichen Routine wahrgenommen wird, plötzlich aus der „Hubschrauberperspektive" dargestellt zu bekommen, war ein hilfreicher Perspektivenwechsel. Insbesondere die Sensibilisierung der belegenden Ärzte für das Thema „Demografischer Wandel" und „Gesundheitsförderung" hat eine gute Voraussetzung für eine nachhaltige Weiterverfolgung der Projektergebnisse geschaffen.

3. Fazit

Mit dem Projekt ist die Identifikation personalpolitischer Risiken im SKM gut vorbereitet worden und wird im Steuerungsgremium insgesamt als mit „gut gelungen" bewertet. Die Zielerreichungsgrade in der Identifikation von konkreten Handlungsfeldern, der Entwicklung organisatorischer Verbesserungsstrategien im Schnittstellenmangement, bei der interdisziplinären Belegung und in der Sensibilisierung der Führungskräfte zur Demografiethematik werden bereits mit „teilweise gelungen" bewertet. Hier besteht weiterer Handlungsbedarf und zwar in der Unterstützung durch die Führungskräfte aus den Pflegeleitungen durch Klärungshilfe bei Verantwortlichkeiten und Rückendeckung gegenüber den unterschiedlichen medizinischen Fachdisziplinen und deren Leitungen.

Hinsichtlich der Stärkung der Handlungskompetenzen der Pflegenden im Umgang mit Belastungen besteht ein weiterhin großer Handlungs- und Unterstützungsbedarf. Hier soll mit Einführung des Dialog Gesundheit Entlastung und Befähigung zu ressourcenorientierter Team- und Führungskultur nachhaltig erreicht werden. Die mit der Öffentlichkeitsarbeit über die Projektentwicklung und die erreichten Ergebnisse verbundene positive Resonanz soll zur Imageverbesserung der Station beitragen. Dazu sind weitere entlastende organisatorische Veränderungen und Rückhalt und Wertschätzung aus den Reihen der Führungskräfte notwendig. Eine weitere Mitarbeiterbefragung 2011 wird die Veränderungen in den psychosozialen und körperlichen Belastungen überprüfen.

Die Erfahrungen aus dem Projekt werden im nächsten Schritt auf eine weitere Station im SKM Koblenz übertragen. Die eingesetzten Methoden und Erfahrungen finden Eingang in die Methodenbox zum Personalmanagement und werden dort für den Einsatz in anderen Bereichen des Krankenhauses multipliziert.

Innerhalb des Personalmanagements wurden lebensphasenorientierte Beschäftigungsmodelle entwickelt, in denen es um die Berücksichtigung demografischer Faktoren, gesundheitsfördernder Faktoren, Karriereplanung und der Vereinbarkeit von Familie und Beruf geht. Ein Leitfaden „Gesundheit“ beschreibt im SKM die Inhalte der Gesundheitsförderung, die Unternehmensphilosophie zur Ganzheitlichkeit, die Rollen, Aufgaben und Themen der Akteure im „Steuerungsgremium für Gesundheitsförderung und Betriebliches Gesundheitsmanagement“ für durchzuführende Projekte und Maßnahmen im gesamten Unternehmen.

Demografischer Wandel in der Altenpflege – Gestaltungsansätze für die Praxis

Christof Heusel

1. Ausgangssituation

Die demografische Entwicklung, die Alterung unserer Gesellschaft und damit einhergehende strukturelle Veränderungen wirken sich in besonderer Weise auf den Pflegeberuf und die in der Pflegebranche Beschäftigten aus. Die Demografie beeinflusst die Pflegebranche in doppelter Weise: Einerseits steigt die Anzahl der chronisch kranken Personen und der Ein-Personen-Haushalte, was einen erhöhten Pflegebedarf nach sich zieht. Andererseits sinkt die Zahl der Schulabgänger und damit der potenziellen Auszubildenden in Pflegeberufen. Um die weniger werdenden Auszubildenden steht der Pflegebereich heute schon in heftiger Konkurrenz mit anderen Branchen; diese Situation wird sich zukünftig zuspitzen. Kurz gesagt heißt dies, dass der Anteil der Pflegebedürftigen/Patienten, vor allem auch derer mit intensivem Pflegebedarf zunimmt. So wird allein bis zum Jahr 2020 der Bedarf gegenüber 2005 um ca. ein Drittel steigen. Gleichzeitig steigt der Altersdurchschnitt der Pflegekräfte deutlich an, der Nachwuchs an jungen Fach- und Führungskräften ist und wird rar. Das zu erwartende Delta zwischen wachsender Nachfrage und sinkendem Angebot in der Pflege (aufgrund der nicht zur Verfügung stehenden Anzahl an Pflegekräften) führt zu dem viel zitierten Pflegenotstand, der auch und im besonderen Maße unsere Perspektiven als Anbieter von Altenhilfeangeboten tangieren wird.

Diese Entwicklung bringt für sozialwirtschaftliche Unternehmen in der Pflegebranche erhebliche Engpässe bei der Rekrutierung von betrieblichem Nachwuchs einerseits und andererseits ein deutlich steigendes Durchschnittsalter der Belegschaften mit sich. Um den zu erwartenden Personalengpässen in den Pflegeeinrichtungen und Pflegediensten entgegenzusteuern und präventiv zu begegnen, müssen daher neben konsequenten und nachhaltigen Ausbildungsbemühungen alle Maßnahmen ergriffen werden, die die Arbeits-, Leistungs- und Beschäftigungsfähigkeit von Pflegekräften fördern. Es geht darum, Arbeitsbedingungen zu schaffen, die einen möglichst langen Verbleib von Pflegekräften in ihrem Beruf ermöglichen.

Um dies zu gewährleisten müssen die Handlungsfelder

- Gesundheit der Mitarbeiter,
- Qualität der Mitarbeiterführung und der Kommunikation,
- Arbeitsorganisation und Arbeitsplatzgestaltung,

Qualifizierung (Aus-, Fort- und Weiterbildung, lebenslanges Lernen)

in die Strategieplanung und Personalpolitik auf die Ermöglichung demografiefester Arbeitplätze überprüft und gegebenenfalls angepasst werden.

Frappierend ist, dass innerhalb der Pflegebranche die Verweildauer des Personals im Vergleich zwischen Altenpflege und Krankenpflege deutlich voneinander abweicht (vgl. Hackmann 2009).

Gelänge es uns in der Altenpflege/Altenhilfe durch entsprechende Maßnahmen die Verweildauer im Beruf zumindest an die der Krankenpflege anzugleichen, würde sich die Problematik des Pflegenotstandes spürbar reduzieren. Abbildung 1 visualisiert die Arbeitskräftenachfrage und das -angebot auf Basis von Daten der IAB Beschäftigungsstichproben (1975–2004) unter der Annahme, dass

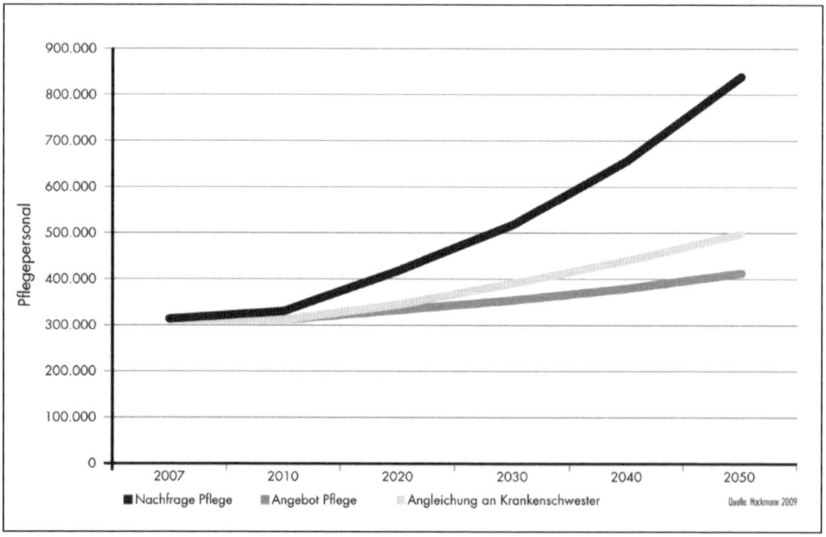

Abbildung 1: Angleichung der Verweildauer Krankenhaus und Altenpflege (Quelle: Hackmann 2009, S. 23)

der Unterschied in der Verweilzeit beider Berufsgruppen mit 12,7 Jahren (examinierte Altenpflegekräfte) und 15,2 Jahren (Krankenschwestern) geringer ausfällt (Szenario 2 nach Hackmann 2009, S. 23). Demnach würde bis zum Jahr 2050 die Anzahl an Vollzeitkräften in der Altenpflege auf ca. 500.000 ansteigen.

Hinsichtlich der Verweildauer im Beruf ist das Zusammenspiel verschiedener und nicht immer unterstützender Rahmenbedingungen für den Pflegeberuf zu beachten. Diese liegen nicht im Fokus des Projektes „Älter werden in der Pflege“. Dennoch sei an dieser Stelle auf einige Rahmenbedingungen verwiesen, da die Themen „Gesundheit der Pflegekräfte“ und „demografiefeste Arbeitsplätze in der Pflege“ dauerhaft nur dann gelingend aufgegriffen werden können, wenn wahrnehmbare Veränderungen der Rahmenbedingungen für die Pflegeberufe gewollt und umgesetzt werden.

- Pflegekräfte sind mit mannigfaltigen Veränderungsprozessen und Herausforderungen konfrontiert, die häufig zu einem vorzeitigen Verlassen des Pflegeberufes führen. So sind die Ansprüche und Erwartungen der Kunden, Angehörigen und Leistungsträger (zu Recht) extrem gestiegen, bei parallelen Entwicklungen und Vorgaben der Träger und Einrichtungen an eine konsequente Dienstleistungsorientierung des Personals.
- Die psychischen und physischen Belastungen der Pflegekräfte sind hoch, das Pflegepersonal klagt zunehmend über Zeitdruck, Aufgabenkomplexität und zusätzliche Verantwortungsübernahme. Die ständige Zunahme von bürokratischen Anforderungen, Dokumentationspflichten und Kontrollen führt bei vielen Pflegekräften zu massiven Unzufriedenheiten, der ursprüngliche Idealismus und die Motivation für den Beruf werden infrage gestellt. Das Gefühl des immer weniger Zeithabens für den hilfe- und pflegebedürftigen Menschen und seinem Bedürfnis nach sozialem Kontakt und zwischenmenschlicher Kommunikation führt bei Pflegekräften mitunter zu einer Sinnkrise hinsichtlich des eigenen beruflichen Tuns. Hinzu kommt die mangelnde gesellschaftliche Anerkennung des Pflegeberufes; die öffentliche, meist negative Berichterstattung vor allem über die stationäre Altenhilfe trägt hierzu bei.
- Ökonomische Zwänge und Ressourcenknappheit sind ständige Begleiter der Altenhilfe und Pflege, dies spüren zunehmend auch die Pflegekräfte.
  Und nicht zuletzt verunsichern Diskussionen über konzeptionelle Neuorientierungen die in der Altenhilfe tätigen Pflegekräfte, sind doch damit auch Fragen an die künftige Rolle der Pflege verbunden (z. B. neuer Pflegebedürftigkeitsbegriff, Ambulantisierung, Normalitätsprinzip, Sozialraumorientierung, Alltagsorientierung, Lebensqualität).

2. Herausforderungen

Die Ausgangssituation stellt uns in unterschiedlichen Bezügen vor Fragen und Herausforderungen, die auf dem Weg zu demografiefesten Arbeitsplätzen und einem guten Altwerden in der Pflege bewältigt werden müssen. Eine differenzierte Betrachtungsweise ist deshalb nötig:

1. Mitarbeiter:

Zunächst müssen Ansätze und Wege gefunden werden, mit denen es gelingt, Mitarbeitern bewusst zu machen, dass sie für ihre Gesundheit und ihr Älterwerden zuallererst selbst verantwortlich sind. Ohne eine intrinsische Motivation des einzelnen Mitarbeiters hinsichtlich der Erhaltung/Verbesserung der eigenen Gesundheit werden viele Maßnahmen und Veränderungen im betrieblichen Kontext keine Wirkung und Nachhaltigkeit erzeugen („Der Wurm muss immer noch dem Fisch schmecken und nicht dem Angler!").

2. Führungskräfte:

Maßgeblich für die Perspektive demografiefester Arbeitsplätze wird sein, die Führungskräfte in den Einrichtungen und Diensten für das Thema zu gewinnen und zu sensibilisieren. Bei ihnen muss das Verständnis vorhanden sein, dass der Anteil der älteren Beschäftigten zur Bewältigung der Personal- und Einrichtungsperspektiven in den nächsten Jahren deutlich steigen muss. Dazu sind Anstrengungen auf der Leitungs-/Managementebene nötig, um die Arbeitsbereitschaft und die Leistungsfähigkeit der Mitarbeiter, im Besonderen der älteren Beschäftigten, zu erhalten und damit auch altersbedingte und pflegeberufstypische Erkrankungen zu verhindern und diesbezügliche Arbeitsausfälle zu reduzieren. Denn höhere Mitarbeiterzufriedenheit führt auch zu einem erkennbaren wirtschaftlichen Nutzen für die Einrichtungen und Dienste. Führungskräfte müssen Interesse an Lösungen für eine alters-/alternsgerechte Gestaltung von Arbeits- und Erwerbsbiografien haben und bereit sein, diese auch umzusetzen. Ältere Mitarbeiter haben unbestreitbare Vorteile für Einrichtungen und Dienste: über viele Jahre erworbenes Wissen und Erfahrungen, geringe Fluktuationsneigung, eine stärkere Identifikation mit der Einrichtung/dem Dienst, geringe Ausfallzeiten bei denen, die nicht unter chronischen Erkrankungen leiden.

3. Strategie:

Voraussetzung ist der Wille des Unternehmens, sich auf das Thema aktiv einzulassen. Das setzt die Fähigkeit voraus, gesellschaftliche und soziale Veränderungen analysieren zu können und daraus in einem diskursiven Prozess Entwicklungs- und Veränderungsperspektiven aufzuzeigen. Notwendig ist die Schaffung struktureller und organisatorischer Rahmenbedingungen für eine erfolgreiche Implementierung von Maßnahmen zum Aufbau einer demografiefesten Unternehmensstrategie.

Dazu ist die Einsicht entscheidend, dass die Trägerverantwortlichen und Führungskräfte die Aufgabe und Verantwortung haben, den älteren Mitarbeitern einen Verbleib bis zum Rentenbeginn, der in Zukunft später stattfinden wird, zu ermöglichen. Die Verbindlichkeit einer demografiefesten Personalpolitik muss in den strategischen Perspektiven festgelegt werden und sich in Zielvereinbarungen wiederfinden. Dabei geht es vermehrt um alternsgerechte und nicht ausschließlich um altersgerechte Arbeitsplätze, für die perspektivisch – bereits beginnend mit der Ausbildung von Pflegekräften – die Grundlagen gelegt werden müssen.

4. Betriebliches Gesundheitsmanagement:

Träger und Einrichtungen müssen dem Thema des betrieblichen Gesundheitsmanagements/der betrieblichen Gesundheitsförderung im Rahmen ihrer Personalpolitik den notwendigen Raum geben und die Nachhaltigkeit sicherstellen. Ein betriebliches Gesundheitsmanagement ist eine der notwendigen Voraussetzungen für die Befassung mit demografiefesten Arbeitsplätzen. Das Thema muss somit auch in der Strategie und der Kommunikation der Träger/Einrichtungen verortet und in den Einrichtungen und Diensten aktiv gelebt werden.

Die Rolle der Betriebsärzte im betrieblichen Gesundheitsmanagement muss optimiert werden, die derzeitigen betriebsärztlichen Strukturen sind hinsichtlich ihrer Wirkungen zu hinterfragen.

5. Technik/technische Hilfsmittel:

Das Älterwerden der in der Pflege Beschäftigten sowie die Zunahme schwerer Pflegetätigkeiten führen bei Pflegekräften zwangsläufig zu einem höheren Risiko für Rückenerkrankungen. Epidemiologische Untersuchungen belegen, dass das Heben und Tragen schwerer Lasten und Arbeiten in ergonomisch ungünstiger Körperhaltung als tätigkeitsspezifische Risikofaktoren für eine Schädigung der Wirbelsäule verantwortlich sind. Insbesondere trifft dies für die Kranken- und Altenpflege zu. Neben anderen Maßnahmen muss ein Ziel der konsequente Einsatz technischer Hilfsmittel sein, um das akute Auftreten und die chronische Entwicklung von Lumbalgien bei Pflegekräften zu vermeiden. Dabei geht es um den Mitarbeiter, aber auch um ökonomische Aspekte, denn durch die Behandlung dieser Erkrankungen und die damit verbundenen Fehlzeiten entstehen den Einrichtungen/Diensten (und Sozialversicherungen) hohe Kosten. Zur Prävention von chronischen Rückenleiden müssen dem Personal geeignete technische Hilfsmittel in ausreichender Zahl zur Verfügung gestellt und Pflegeimmobilien mit innovativer und personalentlastender Technik (z. B. hinsichtlich Zeit, körperlicher Belastung, Kommunikationsprozessen) ausgestattet werden. Wesentlich zur Erreichung dieses Ziels ist es, dass die Pflegekräfte in der Bedienung der technischen Hilfsmittel regelmäßig umfassend unterwiesen und diese konsequent und bestimmungsgemäß verwendet werden. Dies muss kommuniziert und kontrolliert werden. Für die Akzeptanz technischer Hilfsmittel ist es ratsam, das Pflegepersonal bei der Gefährdungsbeurteilung, der Auswahl und der Beschaffung der Hilfsmittel zu beteiligen, da es die Situation und Arbeitsbedingungen vor Ort am besten kennt.

3. Der demografische Wandel als Thema in der Paul Wilhelm von Keppler-Stiftung

Die Paul Wilhelm von Keppler-Stiftung[1] beschäftigt sich bereits seit Längerem mit der Demografiefestigkeit der Arbeitsplätze in der Pflege. Mit Einführung einer Rahmenkonzeption „Betriebliche Gesundheitsförderung“ bekam das Thema bereits 2005 ein konkretes Gesicht und wurde in Folge in die Strategieplanung der Stiftung, die jährlichen Zielvereinbarungsgespräche mit den Einrichtungen und Diensten und in die Balanced Score Card (BSC) aufgenommen. Eine

[1] Die Paul Wilhelm von Keppler-Stiftung mit Sitz in Sindelfingen ist in Baden-Württemberg einer der großen Dienstleister in der Altenhilfe und Krankenpflege. In derzeit 22 Senioren- und Altenzentren mit 1.950 Pflegeplätzen, fünf ambulanten Diensten und einem stationären Hospiz beschäftigt die kirchliche Stiftung rund 1.700 Mitarbeiter und wird von Hunderten ehrenamtlich und freiwillig Tätigen unterstützt und gefördert. An 13 Standorten werden Seniorenwohnanlagen mit 350 Wohnungen betreut. Die Stiftung bildet jährlich ca. 120 junge Menschen aus und gehört zu den großen Ausbildern der Branche in Baden-Württemberg (www.keppler-stiftung.de).

umfangreiche und aussagekräftige Personalstatistik wurde entwickelt, die regelmäßige und zeitnahe Personalauswertungen ermöglicht (v.a. Altersstruktur, Krankheitsstatistiken, Fluktuation), die wiederum zur Beurteilung der Personalsituation und möglichen Handlungsszenarien herangezogen werden. Die Idee ist, sukzessive ein „Demografiemanagement" aufzubauen, das eng mit den unterschiedlichen Facetten der Personalarbeit vernetzt ist.

Die Teilnahme an folgenden Projekten unterstützt die Aufmerksamkeit für das Thema in der Stiftung sowie die interne Kommunikation über einen längeren Zeitraum.

- **Entwicklung einer modularen Weiterbildung für ältere Mitarbeiterinnen und Mitarbeiter in der Pflege im Rahmen der betrieblichen Gesundheitsförderung, Pilotkurs und Evaluationsstudie:** BBQ/Keppler-Stiftung, 2007–2008, ESF-gefördert (fünf Einrichtungen der Keppler-Stiftung)
- **Älter werden in der Altenpflege:** f-bb/BGW/Robert-Bosch-Stiftung, 2008–2010 (zwei Einrichtungen der Keppler-Stiftung)
- **Einsatz zusätzlicher Betreuungskräfte nach § 87b Abs. 3 SGB XI als Chance für ältere und gesundheitlich belastete Mitarbeiterinnen und Mitarbeiter in der Pflege:** Keppler-Stiftung, 2009–2010 (alle Einrichtungen der Keppler-Stiftung)
- **Demografiefeste Arbeitsplätze in der Pflege:** Entwicklungszentrum „Gut alt werden" GbR, 2009–2010
- **DemogAP: Demografiefeste Pflege – Nachhaltige und breitenwirksame Umsetzung von Maßnahmen zur Förderung einer langen Beschäftigungsfähigkeit in Pflegeberufen:** TU Dresden/Bundesministerium für Arbeit und Soziales/Bundesanstalt für Arbeitsschutz und Arbeitsmedizin/div. Einrichtungsträger, 2009–2012 (fünf Einrichtungen der Keppler-Stiftung)

4. Erfahrungen aus der Praxis

Am Projekt „Älter werden in der Pflege" nahm die Keppler-Stiftung mit dem „Altenzentrum St. Elisabeth in Heilbronn" und der „Sozialstation Weil der Stadt gGmbH" teil. Ihre Erwartungen an das Projekt hatten die beiden teilnehmenden Einrichtungen vor Projektstart formuliert. Die Entwicklung neuer und nachhaltiger Handlungsstrategien für demografiefeste Arbeitsplätze mit dem Ziel, ältere Mitarbeiter länger arbeitsfähig zu halten sowie jüngere Mitarbeiter zu akquirieren und langfristig zu binden wurde als vorrangiges Ziel benannt. Mit dem Projekt sollte

- ein Beitrag geleistet werden, damit das Thema „Gesundheit" und „gutes Älterwerden" im Pflegeberuf als gemeinsame Aufgabe der Mitarbeiter und der Einrichtung/Leitung verstanden wird,
- die Kommunikation und Zusammenarbeit zwischen jüngeren und älteren Mitarbeitern durch partizipative Formen der Problembehandlung gefördert und die Motivation und Weiterentwicklungsbereitschaft erhöht werden,
- die Übertragbarkeit der Ergebnisse, Maßnahmen und Handlungsstrategien des Projektes auf andere Einrichtungen der Paul Wilhelm von Keppler-Stiftung gewährleistet sein.

Der Ablauf des Projekts vollzog sich in den Einrichtungen ähnlich: Nach einer Analyse der Altersstruktur sowie der Belastungsfaktoren wurden die Ziele in dem Projekt definiert und gewichtet. Es ging darum, die vordringlichsten Fragestellungen mit Priorität zu verfolgen. In einer Workshopsequenz wurden begleitend zum Arbeitsprozess die einzelnen Themen bearbeitet und reflektiert. Nachfolgend werden die Ergebnisse einrichtungsbezogen vorgestellt.

4.1 Sozialstation Weil der Stadt gGmbH

Die Sozialstation Weil der Stadt ist seit 1.1.2008 eine gemeinnützige GmbH; sie war zuvor 30 Jahre lang eine städtische Einrichtung. Die Gesellschafter sind zu je einem Drittel die Paul Wilhelm von Keppler-Stiftung, die Stadt Weil der Stadt sowie gemeinsam die katholische Gesamtkirchengemeinde Weil der Stadt und vier evangelische Kirchengemeinden.

Die Sozialstation bietet alle Leistungen nach SGB V und SGB XI an: Grundpflege, hauswirtschaftliche Versorgung und haushaltsnahe Dienstleistungen, ambulante Demenzbetreuung, Palliativ-Pflege (SAPV), Leistungen für Selbstzahler, Familienpflege, Beratung sowie Tages- und Kurzzeitpflege in Kooperation mit einer Pflegeeinrichtung der Keppler-Stiftung. Durchschnittlich werden monatlich 180 Patienten betreut. Darüber hinaus finden jährlich ca. 250 Qualitätssicherungsbesuche nach SGB XI §37 (3) statt.

Das Personalbudget von 13 Vollstellen (VK) verteilt sich auf 40 Mitarbeiter, die fast ausschließlich in Teilzeit- und Kleinstarbeitsverhältnissen angestellt sind. Die Qualifikationen in der Sozialstation sind breit gefächert. So sind examinierte Alten- und Krankenpfleger, Familienpfleger, Fachwirtschafter für ältere Menschen, Hauswirtschafter, Arzthelfer, Verwaltungsangestellte, Betreuer, geeignete Hausfrauen, Zivildienstleistende, junge Menschen im Freiwilligen Sozialen Jahr sowie Alten-/Krankenpflegeschüler tätig. Das Durchschnittsalter der in der Pflege eingesetzten Mitarbeiter liegt bei 41 Jahren.

Ausgangslage

Die Ausgangssituation nach Gründung der gGmbH und bei Beginn des Projektes war brisant und fragil. Die Zusammenführung unterschiedlicher Angebote, die bis dahin von verschiedenen Trägern durchgeführt wurden, war organisatorisch abgeschlossen und die Entwicklung von erweiterten Dienstleistungs-/Versorgungsketten aus einer Hand wurde vorangetrieben. Der hohen Nachfrage nach Dienstleistungen und ständiges Anwachsen der Patientenzahlen konnte der Personalaufbau nur schleppend und zeitversetzt folgen. Ein rapider Aufbau von Mehrarbeitsstunden war die Folge. All dies zog massive Veränderungen im Team (z. B. viele neue Mitarbeiter, Ängste/Verunsicherungen bei langjährigen Mitarbeitern, Integrationsprozesse und Positionierungen der neuen Kollegen) nach sich. Die hohe psychische und physische Belastung der Mitarbeiterschaft war spürbar. Es fanden daher Teambildungsprozesse mit externer Begleitung statt.

Als belastende Faktoren erwiesen sich für die Mitarbeiter der Einrichtung arbeitsorganisatorische Punkte wie die Anhäufung von Überstunden, die subjektiv wahrgenommene fehlende Zeit für Patienten und deren Angehörige sowie die zunehmende Arbeitsverdichtung aufgrund fehlenden Personals. Die Suche nach qualifizierten Mitarbeitern war für die Sozialstation ein besonderes Dilemma: In einer regionalen Randlage im Großraum Stuttgart verortet zeichneten sich immer wieder Schwierigkeiten bei der Rekrutierung von neuem Personal ab.

Die erst kurz vor Projektbeginn vollzogene Umwandlung von einer städtischen Sozialstation in eine gGmbH mit unterschiedlichen Gesellschaftern und der Notwendigkeit einer fachlichen, personellen und organisatorischen Neuausrichtung führten bei vielen Mitarbeitern zu Verunsicherungen.

Projektziele

Aufgrund der knappen personellen Ressourcen war das primäre Ziel der Einrichtung, die Themen Mitarbeiterbindung und Mitarbeitergewinnung neu in den Fokus zu bringen, denn: Ohne eine Entlastung der Mitarbeiter durch den Gewinn neuer Pflegekräfte werden die Arbeitsunfähigkeitstage der Mitarbeiter, die ohnehin schon „am Limit" arbeiten, weiter ansteigen. In diesem Zusammenhang war es der Einrichtung auch wichtig, die Arbeits- und Beschäftigungsfähigkeit ihrer älteren Mitarbeiter zu fördern und sie langfristig gesund im Unternehmen zu halten. Auch die Kompetenzen der Älteren sollten in Zukunft stärker genutzt und der Transfer des Erfahrungswissens auf jüngere Mitarbeiter helfen, die Qualität der pflegerischen Tätigkeiten zu verbessern.

Projektergebnisse

Um die oben benannten Ziele zu erreichen, entschied sich die Projektgruppe, unterschiedliche Strategien und Maßnahmen umzusetzen. Neben dem Wissenstransfer und strukturierten Austausch zwischen Alt und Jung sowie zwischen den Fachgruppen Hauswirtschaft und Pflege gehörte dazu die Systematisierung von Personalentwicklungsprozessen. Konkret wurden folgende Maßnahmen implementiert:

- *Durchführung von Erfahrungsabenden (ERFA-Abende):* Ein Austausch der Beschäftigten in gemeinsamen Veranstaltungen soll den Wissenstransfer zwischen Alt und Jung sowie zwischen Hauswirtschaft und Pflege sichern. Ältere Mitarbeiter stellen ihr Erfahrungswissen, z. B. zum Umgang mit schwierigen Patienten und Angehörigen zur Verfügung. Umgekehrt sollen auch jüngere Beschäftigte ihr aktuelles Fachwissen mit einbringen.
- *Erstellung eines veränderten Einarbeitungskonzeptes für neue Mitarbeiter:* Die Überarbeitung der bestehenden Einarbeitungsrichtlinien durch erfahrene Fachkräfte soll den jüngeren Mitarbeitern sowie Quer- und Wiedereinsteigern Unsicherheiten beim Einstieg in die Einrichtung nehmen. Das entlastet auch die übrigen erfahrenen Mitarbeiter, da diese weniger im Arbeitsablauf durch Fragen unterbrochen werden.
- *Einführung regelmäßiger und systematischer Mitarbeitergespräche:* Die künftig geführten Mitarbeitergespräche werden auch Personalentwicklungsthemen und eine Zielvereinbarung vorsehen.

Projekterfolg

Die stärkere Zusammenarbeit und verbesserte Kommunikation an der Schnittstelle Hauswirtschaft und Pflege durch die gemeinsame Projektaktivität verbesserte beispielsweise das Klima innerhalb der Belegschaft und wirkte sich somit auch positiv auf die Motivation und Pflegequalität aus. Des Weiteren konnte die Einstellung der Mitarbeiter gegenüber älteren Mitarbeitern deutlich verändert werden: Wo vor der Projektarbeit noch Vorurteile bestanden (z. B. in punkto

Belastbarkeit), berichten die Mitarbeiter jetzt, dass gezielter und systematischer auch ältere Bewerber eingestellt werden, um deren spezifische Kompetenzen für die Einrichtung zu gewinnen. Durch die Einbindung aller Mitarbeiter und die ständige Information über die laufenden Prozesse wurde zudem die Teambildung und -identifikation unterstützt und gefördert. Der Austausch und die gegenseitige Akzeptanz von jüngeren und älteren Beschäftigten konnten gefördert werden.

4.2 Altenzentrum St. Elisabeth Heilbronn

Das Altenzentrum ist seit 1969 in Heilbronn etabliert. St. Elisabeth bietet Platz für 102 vollstationäre Pflegeplätze, die in 86 Einzel- und acht Doppelzimmern angeboten werden. Über die klassische stationäre Pflege hinaus bietet das Altenzentrum Kurzzeitpflege, Tagesbetreuung, einen offenen Mittagstisch, seelsorgerische Angebote (hauseigene Kapelle) sowie ein spezielles Betreuungsangebot für Bewohner mit einer demenziellen Erkrankung an. Mit einem ambulanten Pflegedienst (in Kooperation mit der stiftungseigenen katholischen Sozialstation St. Vinzenz Neckarsulm) bietet die Einrichtung dem umliegenden Quartier eine weitere, wichtige Versorgungsstruktur an.

St. Elisabeth hat ein Personalbudget von 57 Vollstellen und beschäftigt rund 80 Mitarbeiter, die in der Pflege, Hauswirtschaft, Verwaltung und Haustechnik tätig sind. Das Verhältnis von Vollzeit- zu Teilzeitbeschäftigten ist 1:2. Die Fachkraftquote liegt bei 58 Prozent. Für sechs Auszubildende in der Pflege und zwei Auszubildende in der Hauswirtschaft bietet St. Elisabeth die entsprechenden Ausbildungsplätze. Drei junge Menschen im Freiwilligen Sozialen Jahr und eine Praktikantin in der Pflege unterstützen das Team. Eine personelle Besonderheit ist die Tätigkeit von vier kroatischen Ordensschwestern im Altenzentrum.

Ausgangslage

Viele Mitarbeiter sind mit der Einrichtung älter geworden, was mit einer sehr geringen Personalfluktuation einhergeht. Dadurch erklärt sich auch der hohe Altersdurchschnitt der Gesamtmitarbeiterschaft, der bei 46,2 Jahren liegt: In der Pflege beträgt das aktuelle Durchschnittsalter 47 Jahre und in der Hauswirtschaft 49 Jahre. In den Jahreszielgesprächen zwischen Einrichtung und Vorstand wurde festgelegt, dass das Altenzentrum seine Ausbildungsanstrengungen erhöhen muss und bei Nachbesetzungen nach Möglichkeit junge Mitarbeiter akquirieren soll, um mittelfristig eine Reduzierung des Altersdurchschnitts zu erzielen. Der Einsatz von Praktikanten, Personen im Freiwilligen Sozialen Jahr und Zivildienstleistenden soll genutzt werden, um junge Menschen an das Berufsfeld Pflege/Altenhilfe heranzuführen. Die Rahmenkonzeption „Betriebliche Gesundheitsförderung in der Paul Wilhelm von Keppler-Stiftung“ ist in der Einrichtung präsent und muss im Alltag der Einrichtung zum „Leben“ gebracht werden.

Als belastende Kriterien wurden die Zusammenarbeit im Team, die Schnittstelle Pflege/Hauswirtschaft, die Anspruchshaltung der Bewohner/Angehörigen sowie die hohe Erwartungshaltung der Vorgesetzten in Bezug auf eine hohe Flexibilität beim Personaleinsatz genannt. Daraus dauerhaft resultierende Belastungsfaktoren beziehen sich auf einen zunehmenden Zeitdruck und Stress bei der Arbeitsausführung. In der Einrichtung zeigte sich, dass insbesondere im Bereich Hauswirtschaft viele ältere Mitarbeiter arbeiten. Häufig kam es an der Schnittstelle zur Pflege zu fachlichen Unsicherheiten, Hektik und Kommunikationsproblemen, die die Mitarbeiter belasteten. Im Bereich der Hauswirtschaft waren eine vergleichsweise erhöhte Zahl von Krankentagen und Fehlzeiten der Mitarbeiter festzustellen.

Projektziele

Der zentrale Ansatzpunkt der Einrichtung lag in der Erarbeitung einer bewohnerorientierten Prozessgestaltung am Beispiel der Schnittstelle Pflege/Hauswirtschaft. Dabei konzentrierte sich die Projektarbeit auf die Reduzierung der arbeitsbedingten Belastungen, um die Beschäftigungsfähigkeit der (älteren) Mitarbeiter zu erhöhen. Gleichzeitig lag ein Fokus der Projektarbeit auf einer Verstärkung der Kundenorientierung. Entwickelt und erprobt wurden Konzepte, die die Motivation und Weiterentwicklungsbereitschaft sowie die Fähigkeit und Bereitschaft, Eigenverantwortung zu übernehmen, bei jüngeren und älteren Mitarbeitern fördern sollten.

Projektergebnisse

Um langfristig Personalengpässen vorzubeugen, auch über die möglichst lange Beschäftigung der erfahrenen Beschäftigten, entschied sich die Einrichtungsleitung, unterschiedliche Strategien und Maßnahmen umzusetzen: Dazu gehörten die Klärung des Personaleinsatzes und die Überarbeitung des Ablaufplanes der Wohnbereichshilfen, ihre Integration in das Pflegeteam und eine Ausweitung der Zuständigkeitsbereiche, um diese zu entlasten und durch Anerkennung und Aufwertung der Arbeit zu bestätigen und wertzuschätzen.

Konkret wurden die folgenden Maßnahmen implementiert:

- *Einführung eines Bewohner-Dokumentationssystems:* Es wurde ein neues Dokumentationssystem eingeführt, in das die Wohnbereichshilfen bedeutsame Beobachtungen über Zustandsveränderungen der Bewohner eintragen sollen, sodass die Pflegekräfte auch bei Nichtanwesenheit der Wohnbereichshilfen auf diese Informationen zugreifen können.
- *Beteiligung der Wohnbereichshilfen an den INSEL-Interviews:* Um die Einbindung der Wohnbereichshilfen in die Anamnese der Patienten zu fördern, wurde deren Teilnahme an den bereits in der Einrichtung implementierten INSEL-Interviews angestrebt. INSEL ist ein **Ins**trument zur **E**rfassung von **L**ebensqualität im institutionellen Kontext mit dem Ziel, die Perspektive von Bewohnern und Personal zu erfassen.[2] Die Inselbefragung stellt eine Art Anamnese über besondere Bedürfnisse jedes einzelnen Bewohners dar, die regelmäßig aktualisiert wird.
- *Regelmäßige Dienstbesprechungen:* Zudem werden nun regelmäßig Dienstbesprechungen zusammen mit den Wohnbereichshilfen abgehalten, um die interne Kommunikation zu verbessern und mögliche Probleme zu Abläufen und Bewohnern frühzeitig erkennen zu können.

Projekterfolge

Der Schwerpunkt der Tätigkeit im Altenzentrum St. Elisabeth lag auf dem Bereich der Arbeitsorganisation. Durch die Erhöhung der Transparenz von Abläufen, der Kommunikation über Arbeitsprozesse und die Steigerung der Information konnten arbeits- und prozessorientierte Belastungsfaktoren über die Verbesserung der Arbeitsabläufe an der Schnittstelle Hauswirtschaft/Pflege reduziert werden. Dies ist Voraussetzung, um die Bedürfnisse unterschiedlicher Altersgruppen berücksichtigen zu können und auch zukünftig auftretende Belastungsfaktoren zu identifizieren und zu kommunizieren. Die Verbesserung der Kommu-

2 In individuellen Gesprächen mit Bewohnern (bzw. bei nicht Auskunftsfähigkeit mit Angehörigen) werden entlang von zwölf Dimensionen relevante Aspekte von Lebensqualität dokumentiert. Ein Mitarbeitergespräch und die Ableitung von Maßnahmen für die Praxis runden das Instrument ab. Das Instrument wird in allen 22 stationären Einrichtungen der Paul Wilhelm von Keppler-Stiftung eingesetzt. Das Instrument wurde gemeinsam von der Abteilung für Psychologische Alternsforschung am Psychologischen Institut der Universität Heidelberg, dem Arbeitsbereich Interdisziplinäre Alternswissenschaft am Fachbereich Erziehungswissenschaften der Goethe Universität Frankfurt/M. und der Paul Wilhelm von Keppler-Stiftung entwickelt.

nikationsprozesse zwischen den Beschäftigtengruppen erhöht das gegenseitige Verständnis für Abläufe und macht es möglich, Entlastungsansätze zügiger zu identifizieren und umzusetzen.

Die Zusammenarbeit an der Schnittstelle von Pflege und Hauswirtschaft hat sich deutlich verbessert. Das zeigt sich u.a. daran, dass sich die Beschäftigten verstärkt austauschen. Insbesondere die Führungskräfte (PDL und HWL) sind zusammengewachsen und können stärker gemeinsam auf die Bedürfnisse insbesondere ihrer älteren Mitarbeiter eingehen. Die Einführung regelmäßiger Besprechungen schafft eine Plattform für den Austausch über aktuelle Probleme und verbessert weiter die Qualität der Arbeit. Die Arbeitsbereiche der Pflege, Betreuung und der Hauswirtschaft wurden aktiv am Projekt beteiligt. Alle Mitarbeiter wurden in einer Mitarbeitervollversammlung informiert. Mehr als die Hälfte aller Mitarbeiter hat aktiv an Befragungen und Workshops teilgenommen.

Zusammengefasst können folgende Erfolgsmerkmale betrieblicher Demografie-Projekte aus der Fallstudienarbeit abgeleitet werden:

- Einbeziehung aller (betroffenen) Unternehmensbereiche: Das bedeutet, auf Führungsebene sowohl Pflegedienst- und Hauswirtschaftsleitung als auch Einrichtungsleitung und auf Mitarbeiterebene die Pflege- und die Hauswirtschaftskräfte zu beteiligen.
- Offenheit der Führungskräfte gegenüber den Problemen und Wünschen der Mitarbeiter.

4.3 Fazit

Die angeschobenen Prozesse sind vor dem Hintergrund der Notwendigkeit einer kontinuierlichen Arbeit an dem Thema auf mehreren Ebenen als erfolgreich zu betrachten: Zunächst werden Kommunikationsprozesse angeschoben. Die Auseinandersetzung über ein zentrales Thema der Belastungsreduktionen auf unterschiedlichen Gestaltungsebenen betrifft alle Beschäftigten in den Einrichtungen. Der gegenseitige Austausch ist eine wichtige Voraussetzung, um das Verständnis zwischen den einzelnen Mitarbeitern und auch zwischen den einzelnen Altersgruppen zu erreichen.

Im Projekt ist deutlich geworden, dass die notwendigen personellen Ressourcen für das Projekt bei den eng getakteten Arbeitsabläufen nicht zusätzlich aufgebracht werden können. Zeit- und Personalressourcen müssen daher von verantwortlicher Seite kalkuliert und zur Verfügung gestellt werden. Die Sozialstation Weil der Stadt wurde beispielsweise durch einen Förderverein unterstützt, der zusätzliche Personalressourcen für den Projektzeitraum zur Verfügung stellte.

Vorgeschlagene Maßnahmen der Projektteams sind zudem an den zentralen Problemlagen orientiert und nicht von außen vorgegeben. Notwendig ist, dass Projektergebnisse und Maßnahmen in der konkreten, täglichen Arbeit sichtbar werden. Sonst reduziert sich rasch die Bereitschaft der Mitarbeiter zur weiteren Teilnahme und zu gemeinsam getragenen Entwicklungsprozessen. Die Strategie der kleinen Schritte hat sich bewährt.

Literatur

Hackmann, T. (2009):
Arbeitsmarkt Pflege. Bestimmung der künftigen Altenpflegekräfte unter Berücksichtigung der Berufsverweildauer. FZG Diskussionsbeiträge, Nr. 40. Freiburg

Zukunftsfähig im demografischen Wandel – Herausforderungen und Gestaltungslösungen am Beispiel der miCura Pflegedienste Nürnberg GmbH

Uwe Peters, Christina Finnmann, Jolanthe Hecker

1. Vorwort

Die Versorgung älterer und pflegebedürftiger Menschen wird in Zukunft ein immer wichtigeres, gesamtgesellschaftlich zu lösendes Problem werden. Von diesem Wandel bleibt die „DKV Pflegedienste & Residenzen GmbH“ nicht unberührt. Die „DKV Pflegedienste & Residenzen GmbH“ betreibt bundesweit elf ambulante Pflegeeinrichtungen, zwei Seniorenresidenzen und ein Beratungsunternehmen für ambulante Pflegedienste und Klinikbetreiber. Durch ein franchiseähnliches System soll der ambulante Sektor flächendeckend ausgebaut werden. Bisher gibt es die miCura-Pflegedienste u. a. in Hamburg, Bremen, Düsseldorf, Köln, Berlin, München und Nürnberg. Bereits heute machen sich die Auswirkungen der steigenden Lebenserwartung und rückläufigen Geburtenraten in den miCura Pflegediensten auf unterschiedliche Weise bemerkbar. Fakt ist, dass Arbeitskräftemangel und eine alternde Belegschaft einer wachsenden Zahl ambulant zu versorgender, pflegebedürftiger Menschen gegenüberstehen. Um diesen zukünftig noch steigenden Herausforderungen in der ambulanten Pflege gerecht zu werden, müssen die Pflegeeinrichtungen auf geeignete Weise gegensteuern. Mit der Teilnahme an dem Projekt „Älter werden in der Pflege“ will die miCura Pflegedienste Nürnberg GmbH als ambulante Pflegeeinrichtung einen Schritt in diese Richtung machen und einen Beitrag zur Erprobung neuartiger Lösungsansätze leisten.

2. Ausgangslage und Herausforderung bei der miCura Pflegedienste Nürnberg GmbH

2.1 Ausgangslage

Die miCura Pflegedienste Nürnberg GmbH beschäftigt 63 überwiegend weibliche Mitarbeiter (53 weibliche und 10 männliche Mitarbeiter). Die Beschäftigungsgruppe der Aushilfen und Auszubildenden stellt mit rund 36,5 Prozent einen quantitativ bedeutsamen Anteil des Pflegepersonals insgesamt dar. Dem gegenüber stehen lediglich knapp 24 Prozent Vollzeitbeschäftigte.

	männlich	**weiblich**	**Gesamt**
Vollzeit	3	12	15
Teilzeit	3	22	25
Aushilfen	2	15	17
Auszubildende	2	4	6
Gesamt	**10**	**53**	**63**

Tab. 1: Mitarbeiterstruktur der miCura Pflegedienste Nürnberg GmbH[1]

Anhand der erhobenen Daten ist zu erkennen, dass die Anzahl der männlichen Mitarbeiter bei miCura im Vergleich zum Bundesdurchschnitt noch vergleichsweise hoch ist. Das Durchschnittsalter der miCura-Mitarbeiter liegt bei 39,5 Jahren (siehe Tabelle 2).

	männlich	**weiblich**	**Durschnitt gesamte MA**
Jüngster MA	20	18	18
Ältester MA	49	61	61
Durchschnitt	**36**	**40**	**39,5**

Tab. 2: Altersstruktur der miCura Pflegedienste Nürnberg GmbH

Anhand der im Projekt durchgeführten Alters- und Mitarbeiterstrukturanalyse lässt sich auch erkennen, dass die Altersgruppe der 35- bis 45-Jährigen die größte

[1] Stand Oktober 2009.

Mitarbeitergruppe bei miCura bildet. Die Leistungsträger finden sich in der Gruppe der 30- bis 39-jährigen Mitarbeiter wieder.

In Abb. 1 sind die Krankheitstage bei der miCura Pflegedienste Nürnberg GmbH und die des Branchendurchschnitts dargestellt. Mit durchschnittlich 4,3 Krankheitstagen pro Jahr liegt er deutlich unter dem Branchendurchschnitt, der 13,6 Krankheitstage beträgt.

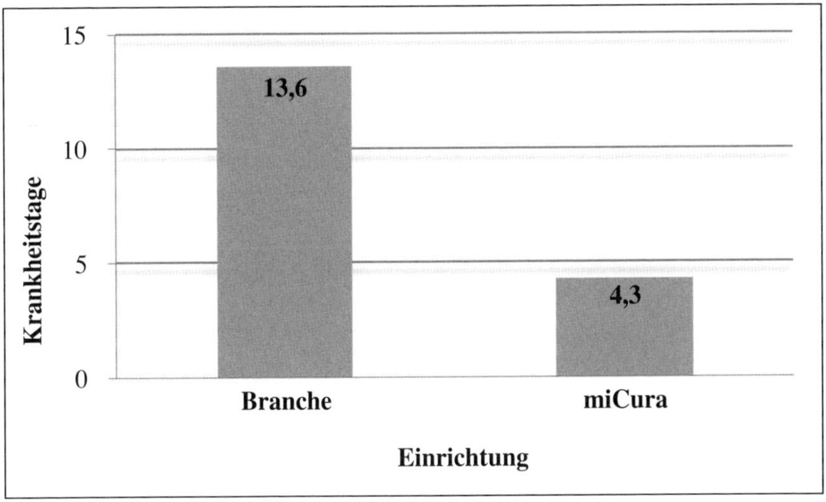

Abb. 1: Durchschnitt der jährlichen Krankheitstage im Vergleich

Im Durchschnitt sind die Mitarbeiter knapp drei Jahre bei der miCura Pflegedienste Nürnberg GmbH beschäftigt. Die festgestellte überdurchschnittlich kurze Betriebszugehörigkeit der Mitarbeiter lässt sich mit einem kontinuierlichen Wachstum und den damit verbundenen Arbeitsbelastungen begründen. Aufgrund der erwartungsgemäß zunehmenden Beschäftigungsdauer der Mitarbeiter muss die miCura Pflegedienste Nürnberg GmbH mit steigenden Krankheitstagen und einer Alterung der Belegschaft rechnen.

2.2 Herausforderungen

Eine hohe, durch die hohe Anzahl von Überstunden ausgelöste Belastung insbesondere der Leistungsträger führt maßgeblich zu einem „Mitarbeiterverschleiß". Es ist vor diesem Hintergrund schwer, die Mitarbeiter langfristig an das Unternehmen zu binden. Die hohe körperliche Belastung – vor allem für Frauen – und der immense Zeitdruck während der Pflegetouren, verbunden mit innerstädtischem Autoverkehr, begründen die hohe Fluktuationsrate und verhindern so die notwendige Steigerung der Attraktivität des Pflegeberufes. Des Weiteren birgt der Pflegeberuf hohe psychische Belastungen insbesondere in Krisensituationen, die oftmals unverhofft in der Häuslichkeit des Kunden auftreten und bewältigt werden müssen.

Eine Besonderheit bei der miCura Pflegedienste Nürnberg GmbH stellt der Bereich der Assistenzpflege dar. Im Gegensatz zur täglichen Tour, bei der der Zeitdruck und die körperliche Belastung immens sind, sind die Mitarbeiter in der Assistenzpflege hohen psychischen Belastungen ausgesetzt. Sie verbringen bis zu neun Stunden täglich in der Häuslichkeit des Kunden und somit mehr Zeit mit den Patienten und deren Angehörigen.

Durch die vorhandenen Hilfsmittel in der Häuslichkeit halten sich die körperlichen Belastungen bei der Assistenzpflege in Grenzen.

Besondere Herausforderung in der ambulanten Pflege ist, dass sowohl während der Tour als auch beim Arbeitseinsatz in der Assistenzpflege die Mitarbeiter weitgehend auf sich allein gestellt sind. In Notfallsituationen sind zwar Pflegeleitungskräfte erreichbar, oft müssen Mitarbeiter aber zum Teil eigene Entscheidungen treffen, die sich auf den weiteren Pflegeverlauf maßgeblich auswirken. Zudem müssen sie eine entsprechende Flexibilität aufbringen, sich auf häufig ändernde Bedingungen einzustellen.

Neben der Gewährleistung einer steten Erreichbarkeit der Pflegedienstleitung zu fachlichen Fragen finden regelmäßig Fallbesprechungen statt, um möglichen Krisensituationen rechtzeitig entgegenzuwirken. Defizite in der Kommunikationsstruktur und die seltene Anwesenheit der Mitarbeiter im Büro prägen ferner den Arbeitsalltag. Die Folge ist, dass bei den Mitarbeitern das Gefühl einer nicht ausreichenden Zusammenarbeit bis hin zu dem Empfinden einer Isolierung auftreten kann.

Diese und weitere Belastungsfaktoren wie z. B. Wochenenddienste, Wechselschichten und Nachtdienste wirken sich negativ auf die Gesundheit und das Wohlbefinden der Mitarbeiter aus. Vor dem Hintergrund, dass die Pflegemitarbeiter hohen psychischen und physischen Belastungen ausgesetzt sind und die Leistungsfähigkeit möglichst lange auch bei älteren Mitarbeitern erhalten werden soll, befasst sich die miCura Pflegedienste Nürnberg GmbH mit Ansätzen sogenannter „Entlastungsfaktoren".

3. Umgesetzte Aktivitäten

3.1 Ziel

Das Projektvorhaben zielt darauf ab, die Arbeitsfähigkeit älterer Mitarbeiter möglichst bis zur Rente zu erhalten, neue Mitarbeiter für das Unternehmen zu gewinnen (Mitarbeiterakquise) und die Mitarbeiterbindung bei miCura in Nürnberg und darüber hinaus auch bei weiteren miCura-Standorten langfristig zu stärken und zu fördern. Ein besonderes Augenmerk liegt dabei auf der Gesundheitserhaltung der Pflegekräfte und somit auf Maßnahmen, die einem frühen Ausscheiden dieser Mitarbeiter entgegenwirken. Somit soll auch die Beschäftigungsfähigkeit der Führungskräfte langfristig sichergestellt werden.

3.2 Aktivitäten im Projekt

Um die Gesundheit der Mitarbeiter langfristig zu fördern und zu erhalten und bereits im Vorfeld Krankheiten zu vermeiden hat die miCura Pflegedienste Nürnberg GmbH im Projekt „Älter werden in der Pflege" vier Maßnahmenpakete festgelegt:

- miCura fit,
- entspanntes Autofahren,
- entspanntes Arbeiten im Büro,
- rückengerechtes Arbeiten.

3.2.1 miCura fit

Unter dem Begriff „miCura fit" verbergen sich sportliche und mentale Angebote, um die psychische und physische Gesundheit der Mitarbeiter langfristig zu stärken. Ziel dieses Projektes ist es, dass die Mitarbeiter Gesundheitsschäden vorbeugen und gemeinsam etwas für ihre Gesundheit tun. Um die sportlichen Angebote attraktiver zu gestalten, hat die miCura Pflegedienste Nürnberg GmbH für ihre Mitarbeiter vergünstigte Konditionen im Palmbeachbad, einem Thermalbad mit Fitnessangeboten, ausgehandelt. Zudem wurde ein Nordic Walking-Kurs à zehn Einheiten ins Leben gerufen, der von der AOK unterstützt wird, sodass dieses Angebot für die Mitarbeiter kostenlos ist. Zur psychischen Entlastung werden Blitzentspannungsübungen angeboten, das sogenannte „Tropho Training". Bei diesem Mentalprogramm lernen die Mitarbeiter, in kleinen Gruppen mit jeweils acht bis zehn Teilnehmern Methoden der Blitzentspannung selbstständig anzuwenden.

Ab dem Jahr 2011 werden Bonushefte eingeführt, mit denen die Teilnahme an den Kursen nachgewiesen werden kann. Bei erfolgreicher Teilnahme an zwei von der miCura Pflegedienste Nürnberg GmbH angebotenen Kursen bekommt der Mitarbeiter zusätzlich einen Urlaubstag gutgeschrieben. Es ist geplant, das sportliche Angebot um weitere Aktivitäten zu erweitern, z. B. um eine Gymnastikgruppe. Zudem sind Rauchentwöhnungskurse und Möglichkeiten der Blitzentspannung wie Entspannung nach Jacobson oder autogenes Training geplant.

3.2.2 Entspanntes Autofahren

Die Zeit vor und nach den Kundeneinsätzen verbringen die Pflegekräfte überwiegend im Auto. Diese Zeit stellt für viele Mitarbeiter einen erhöhten Stressfaktor dar. Schlechte Witterungsverhältnisse, hektische Fahrweisen aufgrund des Zeitdrucks und die angespannte Verkehrssituation befördern das Stresserlebnis. Ziel dieses Maßnahmenpakets ist es, dass alle Mitarbeiter zukünftig sicher, entspannt und unfallfrei Auto fahren. Um dieses Ziel zu erreichen, bietet die miCura Pflegedienste Nürnberg GmbH jedem Mitarbeiter ein Fahrsicherheitstraining beim ADAC an. Alle Mitarbeiter, die einen Führerschein besitzen, haben in Zweier-Teams das Fahrsicherheitstraining bislang erfolgreich absolviert. Die Schulung durch Profis wurde zudem von den Mitarbeitern als ein Event wahrgenommen und als Anerkennung ihrer geleisteten Arbeit empfunden. Die miCura Pflegedienste Nürnberg GmbH hat seit den Trainings keine Unfälle mehr verzeichnet.

3.2.3 Entspanntes Arbeiten im Büro

Das Maßnahmenpaket „Entspanntes Arbeiten im Büro“ richtet sich vorrangig an die Leitungs- und Verwaltungskräfte. Ziel ist die Verbesserung der Kommunikation und der Arbeitsprozesse bzw. der Ablauforganisation. Um eine ruhige Arbeitsatmosphäre zu schaffen und das tägliche Arbeitspensum zu bewältigen, werden feste Sprechzeiten vereinbart, eine zentral gesteuerte Terminplanung installiert und regelmäßige Meetings geplant und wahrgenommen. Es soll vermieden werden, dass Sprechzeiten und geplante Meetings im Tagesgeschäft untergehen oder von den Mitarbeitern ignoriert werden. Hierzu wurde die Aufgabenverteilung der Verwaltung und Pflegedienstleitung (PDL) für den Bereich Büro klar definiert. Jeder Verwaltungsmitarbeiter bzw. die PDL hat feste Sprechzeiten. Zu Beginn und am Ende des Tages finden Blitzmeetings und zusätzlich jeden Dienstag eine Stationsbesprechung statt. Das Team der miCura Pflegedienste Nürnberg GmbH hat seine Besprechungskultur geändert. So gibt es in jeder Besprechung feste Themen, die behandelt werden. Die Mitarbeiter erhalten am Anfang der Besprechung Kärtchen, auf denen sie Fragen notieren können, die erst am Ende der Besprechung gestellt werden können. Somit wird Zwischenfragen vorgebeugt, was insgesamt zu einer deutlich ruhigeren Kommunikation beiträgt. Zwei Mal im Jahr findet eine Betriebsversammlung statt. Die Mitarbeiter werden an die Termine schriftlich erinnert. Die Büroräume werden entsprechend umgestaltet. Somit werden die Voraussetzungen für rücken- und augengerechtes Arbeiten im Büro geschaffen.

3.2.4 Rückengerechtes Arbeiten

Die Mitarbeiter sollen im Verlauf dieses Projekts rückengerechtes Arbeiten und den korrekten Umgang mit den zur Verfügung stehenden Hilfsmitteln erlernen. Zudem will die miCura Pflegedienste Nürnberg GmbH ihren Mitarbeitern aufzeigen, wie sie falsche Arbeitstechniken verändern können und somit das Bewusstsein für Folgeschäden bei falschen Arbeitstechniken stärken. Die Aufklärung der Mitarbeiter erfolgt durch einen Experten. Bereits jetzt stellt die miCura Pflegedienste Nürnberg GmbH einen nahezu hundertprozentigen Hilfsmitteleinsatz bei all ihren Kunden sicher. Somit können die Mitarbeiter rückengerechte Arbeitstechniken und Hilfsmittel kontinuierlich anwenden. Die Schulung der theoretischen und praktischen Grundlagen erfolgt durch einen Physiotherapeuten.

Dieser wird im jährlichen Turnus die Räumlichkeiten der miCura Pflegedienste begehen, um die Mitarbeiter bei ihrer täglichen Arbeit zu filmen. Anschließend werden die Filme gemeinsam ausgewertet. Dieses Prozedere hat den Vorteil, dass die Mitarbeiter sich selbst beobachten können und sich dadurch ihrer eigenen gesundheitsgefährdenden Arbeitsweisen bewusst werden. Die Mitarbeiter lernen Gefahren zu erkennen und zukünftig zu vermeiden.

Den Mitarbeitern sind die Risiken von nicht rückengerechtem Verhalten bewusst, nicht nur beim Heben und Tragen, sondern auch bei anderen Tätigkeiten, wie etwa dem Sitzen und Stehen. Vor diesem Hintergrund können die Mitarbeiter selbst maßgeblich zu ihrer Gesunderhaltung beitragen.

4. Projekterfolge bei der miCura Pflegedienste Nürnberg GmbH

Bereits während der Projektphase sind erste Erfolge aus Sicht der miCura Pflegedienste Nürnberg GmbH sichtbar.

a) *Vielfältiges Maßnahmenbündel:* In Bezug auf das Thema „Erhalt der Leistungsfähigkeit" sind unterschiedliche Maßnahmenbündel entwickelt und umgesetzt worden (vgl. Kap. 3.2). Diese haben eine Relevanz für das gesamte Unternehmen.
b) *Hohe Mitarbeiterakzeptanz:* Die Mitarbeiter erfahren, dass eine Selbstfürsorge in Fragen ihrer Gesundheitserhaltung von Seiten des Betriebes nicht nur gefördert, sondert belohnt wird. So trifft das Projekt bei den Beschäftigten auf eine große Akzeptanz.
c) *Intensiver Kommunikationsfluss:* Binnen kürzester Zeit sind die Projektinhalte gegenüber den Mitarbeitern kommuniziert worden. Die gute Kommunikation spiegelt sich während der gesamten Projektphase zwischen allen Akteuren wider. Dieses ermöglicht u.a. eine zügige und strukturierte Arbeitsweise innerhalb des Projekts.
d) *Geringe Kosten:* Bei der Implementierung der definierten Standards zur Erreichung der Projektziele sind die tätsächlichen Kosten geringer ausgefallen als geplant. Die Personalkostenkalkulation kann als angemessen betrachtet werden, im Bereich der Sachkosten ergab sich ein Aufwand unterhalb der Planwerte.

Allerdings zeigen sich auch Faktoren, die bei vergleichbaren Projekten besser kalkuliert werden müssen: Auf Seiten der miCura Pflegedienste Nürnberg GmbH wurde die zeitliche Beanspruchung im Rahmen der Projektumsetzung zu Beginn deutlich unterschätzt. So wurde z.B. die Umsetzung des Maßnahmenpakets „Rückengerechtes Arbeiten" gestartet, jedoch war eine Finalisierung bisher nicht realisierbar. Gleiches gilt für die Umsetzung der Analyseergebnisse aus den anderen Maßnahmenpaketen. Hier ist darauf zu achten, dass das Ausmaß der zeitlichen Inanspruchnahme zu keiner Desillusionierung der Teilnehmer führt.

5. Nutzen des Projekts

Der Nutzen des Projekts für micura und das Gesamtunternehmen der DKV Pflegedienste & Residenzen GmbH unterstellt die Annahme einer Entlastung durch längerfristige Bindung von Mitarbeitern in der Pflege, einer Imagesteigerung und damit verbunden einer Stärkung der Gewinnungsstrategie neuer Mitarbeiter. Mit den Maßnahmenpaketen „miCura fit“ und „Entspanntes Autofahren“ trägt die miCura Pflegedienste Nürnberg GmbH langfristig zur Gesunderhaltung ihrer Mitarbeiter bei und erwartet somit weniger Krankheitstage. Bedingt durch das neue und vielfältige Sportangebot ist bei der miCura Pflegedienste Nürnberg GmbH bereits ein Mitarbeiterzugang zu verzeichnen. Die Angebote dienen nicht nur als Akquiseinstrumente, sondern motivieren zugleich die bestehende Belegschaft, sensibler mit der eigenen Gesundheit umzugehen. Die Identifikation der Mitarbeiter mit dem Unternehmen steigt.

Die positiven Erfahrungen, die am Standort Nürnberg innerhalb des Projekts gesammelt wurden, sollen auch auf die anderen miCura Pflegedienste übertragen und dort langfristig implementiert werden. Es ist angedacht, dass das ADAC-Sicherheitstraining an allen Standorten etabliert wird. Ebenso lässt sich das Maßnahmenpaket „miCura fit“ auf die anderen miCura-Einrichtungen übertragen. So soll beispielsweise das Bonussystem im Rahmen der sportlichen Aktivitäten als Anreiz für die bestehende Belegschaft und für neue Mitarbeiter in das Konzept der Mitarbeiterbindung und -gewinnung integriert werden.

6. Ausblick

Aufbauend auf den bereits gesammelten Erfahrungen und den damit einhergehenden betriebsinternen Verbesserungen sollen zukünftig weitere „Schutzfaktoren“ für die Mitarbeiter entwickelt bzw. ausgearbeitet werden. Ein weiteres Anliegen des Unternehmens, welches in naher Zukunft umgesetzt werden soll, ist eine individuelle Dienstplangestaltung, welche die rückläufigen Belastungsmöglichkeiten älterer Mitarbeiter berücksichtigt. Ebenfalls geplant sind freie Wochenenden für Mitarbeiter ab einem Alter von 50 Jahren und eine gezielte Fort- und Weiterbildungsplanung zwecks Einsatzes alternder Mitarbeiter im Bereich der Administration und/oder Leitung. Möglich wäre dies durch eine Umstrukturierung der Aufgabengebiete. Hierzu werden ältere Mitarbeiter zwecks körperlicher Entlastung aus den Pflegetouren herausgeplant und ersatzweise in der Assistenzpflege eingesetzt. Für die Umstrukturierungen ist es von hoher Bedeutung, dass hieraus resultierende Maßnahmen sowohl von den jüngeren als auch den älteren Mitarbeitern mitgetragen und akzeptiert werden. Unter dem Motto „Jung trägt Alt in die Pflege“ lernen die Jüngeren von den Erfahrungen der Älteren, und im Gegenzug profitieren die älteren von der Kraft der jüngeren Mitarbeiter.

IV

Ausblick und Transfer

Demografiebedingte Herausforderungen in der Pflege nachhaltig bewältigen – Skizzierung des weiteren Forschungs- und Entwicklungsbedarfs

Thomas Freiling

1. Einleitung

Mit der Entwicklung von Handlungsstrategien in der Pflege zur Bewältigung der Folgen des demografischen Wandels (vgl. Geldermann 2010) ist ein erster wichtiger Schritt getan. Es zeigt sich, dass durchaus verschiedene Ansatzpunkte zur Gestaltung bestehen, die durch die Beschäftigten in den Einrichtungen umgesetzt werden können. Dies betrifft vor allem die Analyse der gegenwärtigen Situation, die Ableitung des priorisierten Handlungsbedarfs sowie die Bearbeitung einzelner Themen im Team. Es kommt nun darauf an, die Erkenntnisse breitenwirksam zu transferieren.

Damit ist aber zukünftig die Problematik des demografischen Wandels noch nicht hinreichend bearbeitet. Es gibt weiteren Forschungs- und Entwicklungsbedarf, dessen Bearbeitung weit über das hinausgeht, was die Akteure in den Einrichtungen selbst leisten können. Nachfolgend wird der im Projekt „Älter werden in der Pflege" analysierte weitere Forschungs- und Entwicklungsbedarf im Überblick dargestellt.

2. Weiterer Forschungs- und Entwicklungsbedarf

2.1 Bewältigung einer prozessorientierten Neuorganisation der Krankenhauspflege

Die Ausführungen der vorangegangenen Kapitel machen deutlich, dass die Pflege und insbesondere die Krankenhauspflege gleich von mehreren Herausforderungen betroffen ist: Der demografische Wandel bewirkt zunächst eine Abnahme des Angebots an jüngeren, fachlich gut qualifizierten Fachkräften. Zudem steigt die Anzahl älterer, multimorbider und dementer Pflegefälle. Somit müssen künftig mehr ältere Patienten mit erhöhtem und verändertem Pflegebedarf durch weniger Pflegepersonal versorgt werden (vgl. Hackmann 2009; Statistisches Bundesamt 2008). Zusätzlich halten veränderte Formen einer patientenorientierten Pflegeorganisation Einzug in die Krankenhäuser: beispielsweise Primary Nursing (Bezugspflege) (vgl. Krüger 2006), bei der eine Fachkraft die umfassende Verantwortung für die Pflege einer fest definierten Gruppe von Patienten übernimmt, und Case Management, bei der die Steuerung des einzelnen Falls während seines Aufenthalts im Blick ist sowie die Reduzierung der Verweildauer der Patienten im Krankenhaus mit gesteigerten Anforderungen an die Nachsorge (vgl. Krüger 2006; Deutsches Krankenhaus Institut 2007; Gratias 2004).

Hinzu kommt, dass sich im Gesundheitswesen insbesondere seit der Einführung des Gesundheitsstrukturgesetzes die gesetzlichen ökonomischen Rahmenbedingungen verändert haben. Die wichtigsten Neuerungen für Krankenhäuser liegen vor allem in der Änderung des Entgeltsystems mit seinem Übergang vom retrospektiven Kostenerstattungsprinzip zu einem fallorientierten Entgelt auf Preisbasis. Aufgrund des verschärften Kostendrucks sind Krankenhäuser dazu gezwungen, Wirtschaftlichkeits- und Rationalisierungspotenziale voll auszuschöpfen. Dies hat zur Folge, dass sich zum einen durch die erzielten Fallsteigerungen in den Krankenhäusern die Taktzahl bei der Patientenversorgung erhöht, der administrative Aufwand ansteigt und zum anderen die Komplexität der Behandlung und der Pflegeaufwand zunimmt: somit alles zusammen Belastungsfaktoren, die auf eine zunehmend alternde Belegschaft einwirken.

Die skizzierten Entwicklungen haben zur Folge, dass für eine weiterhin patientengerechte Versorgung unter Beibehaltung eines hohen Qualitätsstandards bestehende Pflegekonzepte in Bezug auf eine stärkere Prozessorientierung neu überdacht werden müssen. Die Organisation der Krankenhauspflege erfordert eine Abkehr von der bisher praktizierten strikten Arbeitsteilung zwischen medizinischen, therapeutischen und pflegerischen Dienstleistungen:

- Prozessabläufe verändern sich durch die Neuordnung von Aufgabenbereichen an den Schnittstellen Arzt/Pflege und Pflege/Pflegeassistenz und müssen neu definiert, eingerichtet und überprüft werden. Ärzte delegieren schon heute vereinzelt Aufgaben an die Pflegekräfte.
- Pflegekräfte übernehmen medizinnahe Managementaufgaben und avancieren somit zum Prozessmanager im Klinikalltag.
- Pflegeassistenten unterstützen den Prozess und entlasten die Pflegekräfte durch die Übernahme delegierbarer Tätigkeiten beispielsweise in der Grundpflege.

Zudem sind neue Berufe entstanden, wie z. B. die Operationstechnischen Assistenten (OTA), um die Pflegekräfte zu entlasten. Reorganisationsprozesse finden mit dem Ziel statt, die Prozesse dahingehend zu verbessern, die Verweildauer der Patienten im Krankenhaus zu reduzieren, die evtl. notwendige Nachsorge zu organisieren und auch die Pflegekräfte zu entlasten. Die Berufsgruppe der Pflegekräfte übernimmt zunehmend die Koordination und Sicherung der medizinischen Behandlungsprozesse (vgl. Stemmer u. a. 2008).

Die Entwicklungen führen zu einem erhöhten Bedarf an und veränderten Kompetenzen bei Pflegefachkräften. Allein durch intensive Rekrutierungsbemühungen oder die Verlängerung der Beschäftigung älterer Pflegekräfte kann dieser Bedarf nicht gedeckt werden. Die Folge nicht besetzter Stellen sind hohe zusätzliche Belastungen bei den Pflegekräften, die befürchten, ihren Qualitätsanspruch nicht mehr erfüllen zu können. Dadurch steigt auch die Gefahr des frühzeitigen Berufsausstiegs und des Fachkräfteverlusts (vgl. Hasselhorn u. a. 2005).

Es entsteht die Notwendigkeit, die anstehenden organisatorischen Veränderungen mit einer zunehmend alternden Belegschaft bewältigen zu müssen und entstehende Belastungen alternsgerecht zu verteilen. Benötigt werden daher alternsgerechte Konzepte der Personal- und Organisationsentwicklung in den Krankenhäusern, die ausgehend von den benannten Herausforderungen in der Lage sind, Prozessabläufe zu verändern und die Fachkräfte unter Berücksichtigung unterschiedlicher Bedürfnisse und Interessen an die veränderte Arbeitsorganisation und Arbeitstätigkeiten heranzuführen.

Forschungsrelevante Aspekte müssen sich auf die folgenden Aspekte beziehen:

- Berücksichtigung einer Arbeitsorganisation und -gestaltung, die Arbeiten bis ins Alter hinein auch ermöglicht (z. B. altersgerechte Arbeitsplatzgestaltung/Ergonomie, altersgemischte Teams),
- Integration von Maßnahmen der Gesundheitsförderung, um die körperliche Leistungsfähigkeit aufrechtzuerhalten (z. B. betriebliches Gesundheitsmanagement),
- Ausrichtung der Unternehmenskultur und Führung auf die Wertschätzung Älterer als Leistungsträger im Betrieb, mit dem Ziel der Förderung von Motivation und Eigenverantwortung (z. B. Sensibilisierung der Führungskräfte),
- Sicherung der Personalentwicklung und Weiterbildung auch für ältere Beschäftigte, um die notwendigen Kompetenzen sicherzustellen (z. B. gruppen- und arbeitsplatzbezogene Lernformen, stärkere Erfahrungs- und Praxisorientierung der Bildungsangebote, Bezug zur Lernbiografie).

2.2 Entwicklung alternativer Beschäftigungswege in der Krankenhauspflege

Alternative Beschäftigungswege bergen grundsätzlich erkennbare Potenziale, insbesondere zum Erhalt des nachhaltigen Umgangs mit den Human-Ressourcen der Beschäftigten. Krankenhäuser können alternative Entwicklungsmöglichkeiten anbieten und mit einer darauf abgestimmten pro-aktiven Laufbahngestaltung bislang noch nicht erkannte Potenziale bei den Beschäftigten identifizieren und entwickeln. In der Krankenhauspflege bieten sich Tätigkeitsbereiche an, die vermehrt durch veränderte Formen einer patientenorientierten Pflegeorganisation wie Primary Nursing oder durch Tätigkeiten zur Steuerung von Aufgaben an der Schnittstelle zwischen medizinischen, therapeutischen und pflegerischen Dienstleistungen im Entstehen sind. Das Ziel sollte sein, Tätigkeitswechsel unter der Perspektive der Belastungsreduktion innerhalb eines Berufsfeldes auch noch im späteren Erwerbsleben möglich zu machen.

Alternative Beschäftigungswege, die dem Potenzial der Beschäftigten mittleren und höheren Alters, ihren Erfahrungen und ihrer besonderen fachlichen und überfachlichen Kompetenzen gerecht werden, stellen im Kontext der Fachdebatte eine wichtige Dimension zum erfolgreichen Alternsmanagement dar (vgl. Morschhäuser/Ochs/Huber 2008). Theoretischer Bezugsrahmen für die Thematik alternativer Beschäftigungspfade sind die Konzepte der Arbeits- und Beschäftigungsfähigkeit (vgl. Ilmarinen/Tempel 2002; Naegele 2005; Rump/Eilers 2007). Ein Schwerpunkt der Entwicklungsmöglichkeiten liegt auf den in alternativen Beschäftigungswegen integrierten Tätigkeitswechseln. Sie stellen eine sinnvolle Strategie dar, um vor-alternden Arbeitsbedingungen und Dequalifizierung entgegenzuwirken. Zudem tragen sie dazu bei, die Arbeitsbedingungen mit den zeitlichen und räumlichen Erfordernissen sowie den Flexibilitätsanforderungen unterschiedlicher Lebensphasen in Einklang zu bringen. Tätigkeitswechsel sind außerdem in der Regel lernförderlich, weil die bisherigen Fähigkeiten und Kenntnisse auf die neuen Rahmenbedingungen übertragen werden müssen und dadurch weiterentwickelt werden (vgl. Iller 2005). Insofern sind Tätigkeitswechsel immer auch mit Chancen für die berufliche Entwicklung verbunden und leisten somit einen positiven Beitrag zur Förderung des lebenslangen Lernens.

Bisherige Ansätze in Organisationen anderer Branchen beziehen sich auf einzelne Maßnahmen beispielsweise zur Gesundheitsförderung, die Einrichtung von Schonarbeitsplätzen für Ältere oder auf unterschiedliche Arbeitszeitmodelle (vgl. Bröckermann/Müller-Vorbrüggen 2008). Ganzheitliche Ansätze einer alternsgerechten Laufbahngestaltung und einer darauf abgestimmten Arbeitsorganisation, gerade in Bezug auf horizontale Wechsel, stellen in der Praxis bisher die Ausnahme dar (vgl. Naegele/Walker 2007).

Forschungsrelevante Aspekte beziehen sich dabei auf:

- die Identifizierung von alternativen Beschäftigungswegen, die planvoll inhaltlich und strukturell den Anforderungen und Erwartungen älterer und erfahrener Mitarbeiter gerecht werden,
- die Ableitung geeigneter Tätigkeiten vor dem Hintergrund der sich verändernden Organisation in Krankenhäusern,
- Berücksichtigung von Belastungsreduktion und Vermeidung von Kaskadeneffekten, sodass Ältere und Jüngere in den Genuss belastungsreduzierter Arbeitsplätze kommen.

2.3 Einsatz von Promotoren zur Bewältigung demografieorientierter Veränderungsprozesse

Als Einflussfaktor für die erfolgreiche Prozessgestaltung bei demografieorientierten Veränderungsprozessen (Demografieprojekte) hat sich die betriebliche Akteurskonstellation herausgestellt (vgl. Oberlies 2011). Die „richtige Auswahl" kann wesentlich zur Akzeptanz der Veränderungsprozesse in der Mitarbeiterschaft beitragen. Die Einbeziehung der oberen Führungsebene als Machtpromotoren[1] (vgl. Hauschild/Gemünden 1999) erhöht zudem die Erfolgswahrscheinlichkeit und Ergebnisqualität eines Projekts. Als Kulturpromotoren (vgl. Elke 2007) tragen beispielsweise operative Führungskräfte zur Verankerung des Projekts in die Einrichtung bei, da sie als Multiplikatoren der Projektideen und als Meinungsführer sowohl in der Belegschaft als auch in die Führungsebene hinein eine wichtige Schlüsselrolle einnehmen. Ihr Engagement im Projekt schafft Vertrauen in die Veränderungsprozesse.

Die Evaluationsergebnisse des Projektes „Älter werden in der Pflege" zeigen, dass die nachhaltige Umsetzung von Demografieprojekten in den Einrichtungen durch Prozesspromotoren (Dritte) maßgeblich unterstützt worden ist und diese zur Nachhaltigkeit der Ergebnisse beigetragen haben. Allein eine externe Moderation verleiht beispielsweise in Mitarbeiterworkshops zur Erarbeitung von Hand-

[1] Bei Machtpromotoren handelt es sich um Akteure, die in Entscheidungssituationen zugunsten des Projekts eingreifen können, i.d.R. also das Management in Form der Einrichtungsleitung oder Geschäftsführung.

lungsstrategien den Status eines betrieblichen Ereignisses, das sich von üblichen Arbeitsprozessen unterscheidet. Dies wirkt sich förderlich auf die Mitarbeitermotivation und -zufriedenheit aus.

Im Sinne der Wirtschaftlichkeit von Demografieprojekten gilt es nachfolgend zu prüfen, inwieweit die Rolle einer externen Moderation auch von internen Prozesspromotoren übernommen werden kann und welche Auswirkungen dies dann auf die Notwendigkeit der Weiterbildung hätte. Gerade bei Trägern mit mehreren Einrichtungen bietet es sich an, zur Umsetzung von demografieorientierten Veränderungsprozessen interne Prozesspromotoren zu etablieren. Notwendig bleibt sicher die Existenz geeigneter Supportstrukturen auch bei internen Lösungen, um die erforderlichen Anstöße zu geben und Qualifizierungsangebote zu offerieren. Diese könnten beispielsweise bei den Verbänden (z. B. Spitzenverbände der Wohlfahrtspflege) aufgehängt sein.

Forschungsrelevante Fragestellungen beziehen sich auf die folgenden Themen:

- Untersuchung des unter ökonomischen Gesichtspunkten zu betrachtenden Beschäftigungspotenzials für Prozesspromotoren,
- Art der notwendigen Supportstrukturen,
- Identifizierung der benötigten Kompetenzen,
- Formen der Qualifizierung und Entwicklung oder Anpassung von Curricula zur Ausbildung von Prozesspromotoren.

2.4 Entwicklung verallgemeinernder Modelle zum Nachweis der Wirtschaftlichkeit von demografieorientierten Veränderungsprozessen

Die Notwendigkeit zum Nachweis der Wirtschaftlichkeit von demografieorientierten Veränderungsprozessen ergibt sich aus dem zunehmenden Kosten- und Wettbewerbsdruck in den Unternehmen der Gesundheitswirtschaft. Die wirtschaftliche Analyse der Demografieprojekte dient als Legitimations- und Entscheidungsgrundlage: Wenn erkennbar wird, dass mit der Investition in die Gestaltung einer demografieorientierten Personalpolitik ein Nutzen für die Einrichtungen entsteht, werden entsprechende Projekte von Seiten der Geschäftsführung eher bewilligt und unterstützt. Einer der am häufigsten benannten Gründe für Widerstände gegen die Durchführung von demografieorientierten Veränderungsprozessen ist ein nicht erkennbarer Nutzen (vgl. Oberlies 2011). Den Nutzen über Kennzahlen darzustellen ist nur begrenzt möglich. Entscheidend ist es daher, Wirkungen transparent zu machen, die sich zwar nicht direkt monetär bewerten lassen, aber dennoch einen wesentlichen Beitrag zur Verbesserung der Leistungs- und Beschäftigungsfähigkeit von Pflegekräften leisten, wie beispielsweise die Reduzierung arbeitsbedingter Belastungen, die langfristig auch einen Einfluss auf die Verweildauer der Pflegekräfte haben.

Erste Grundlagen dazu wurden im Projekt „Älter werden in der Pflege“ generiert und zusammengefasst (vgl. Gerisch/Oberlies 2011). Daraus weiter zu entwickeln sind praktikable und niederschwellig einsetzbare Modelle, die in der Lage sind, eine Transparenz in Bezug auf die Wirtschaftlichkeit herzustellen. Im Kontext dieser Forschungsbemühungen stehen die

- Entwicklung einzelner Modelle zur Bewertung der Effektivität und Effizienz von demografieorientierten Veränderungsprozessen,
- Ableitung und Testung übersichtlicher Instrumente zur Messung der definierten Kennzahlen,
- Berücksichtigung eines prozessbezogenen Ansatzes, der sich nicht als rein ökonomische Erfolgskontrolle an das Ende von Veränderungsprozessen anschließt, sondern im Sinne der Qualitätssicherung den gesamten Prozess von der Planung über die Durchführung bis zur Evaluation einbezieht.

2.5 Zunehmende Technisierung in der Pflege – Auswirkungen auf die Pflegeausbildung und -weiterbildung

Dass die Pflegepraxis in Deutschland in jeder Hinsicht verbesserungsbedürftig ist, findet auf vielfältige Weise Ausdruck: verstärkte Professionalisierung der Pflege (vgl. Goetze 1999, Tagungsband Professionalisierung 2003) wird gefordert und Veröffentlichungen zum Selbstverständnis der Pflege (vgl. Kolloquium Berliner Pflegetagung 2005) sind wahrnehmbar. Von teilweise neu gegründeten universitären Instituten der Pflegewissenschaft wird die Pflegeforschung seit den 1990-er Jahren vorangetrieben. Im Zuge dieser Tendenzen wird auch an die Aus- und Weiterbildung die Forderung nach Veränderung erhoben. Auf diese Entwicklungen und Diskussionen trifft seit wenigen Jahren die aus den USA stammende Idee, die Pflegequalität durch technische Systeme zu verbessern.

Weil es immer mehr allein lebende ältere Menschen gibt und Personen aus der Ursprungsfamilie immer weniger als Pflegende zur Verfügung stehen, braucht es beispielsweise in der ambulanten Pflege Konzepte, Produkte und Dienstleistungen, die dem Patienten so lange wie möglich die Selbstständigkeit in der vertrauten Umgebung erhalten. Dazu müssen diese Systeme das unmittelbare soziale

Umfeld der betreuten Person einbinden. Das Konzept dafür heißt beispielweise „Ambient Assisted Living (AAL)“. Aber auch in der stationären Pflege werden verstärkt technische Systeme Einzug halten, die beispielsweise bei den Dokumentationsaufgaben oder beim Monitoring von Lebensfunktionen unterstützen. Dass technische Systeme in die ambulante und stationäre Pflege einziehen, wird von niemandem bezweifelt, geschweige denn abgelehnt.

Weil die Entwicklungen in den westlich geprägten Gesellschaften ähnlich verlaufen – steigende Kosten im Gesundheitswesen, Zunahme der behandlungsbedürftigen alten Menschen bei gleichzeitigem Wegfall der familiär-pflegerischen Kompensation –, wird in technischen Systemen ein hohes Marktpotenzial erkannt. Deshalb werden beispielsweise AAL-Projekte als Hightech-Strategie vom Bundesministerium für Bildung und Forschung (BMBF) im Rahmen des Mikrosystemprogramms gefördert.

Zu den vordringlich bearbeiteten technischen Fragestellungen müssen Aspekte der Auswirkungen auf die Ausbildung, aber auch Weiterbildung kommen, da allein aus dem Einsatz der Informationstechnik in der Pflege und aufgrund einer möglichen berufspolitischen Neupositionierung und Aufgabenausweitung der Pflege veränderte und zusätzliche Kompetenzen erforderlich sind.

Bezogen auf die Ausbildung wird es um Fragen der Art der Anpassung der Ausbildungsinhalte gehen müssen. Weiterhin geht es im Sinne einer Qualifizierung der Beschäftigten auch immer um Weiterbildungsinhalte und -konzepte für die in der Pflege bereits Tätigen.

Ungeachtet dessen entstehen durch einen zu erwartenden stärkeren Techniketnsatz in der Pflege neue Untersuchungsfelder, und zwar nicht nur hinsichtlich der Lernanforderungen an die Pflegekräfte und Anforderungen an eine nachhaltige Lernprozessgestaltung zum effizienten und effektiven Technikeinsatz, sondern auch hinsichtlich alternsgerechter Arbeitsbedingungen, damit vor dem Hintergrund des Fachkräftebedarfs eine verlängerte Beschäftigung von Pflegekräften durch den möglichst langen Erhalt ihrer Leistungsfähigkeit möglich wird.

Im Kontext notwendiger Forschungsbemühungen stehen im Zuge der Modifizierung der Ausbildung die folgenden Aspekte:

- Erhebung veränderter Anforderungen an die Ausbildung (Ausbildungsinhalte),
- Identifizierung der Auswirkungen auf die Ausbildungsformen und -inhalte,
- Prüfung erforderlicher Inhalte und Entwicklung einschlägiger Weiterbildungsangebote,
- Auswirkungen des Technikeinsatzes auf die Arbeitsbedingungen,

- Berücksichtigung berufsethischer Fragestellungen im Kontext Technik und Pflege.

3. Fazit

Zukünftig zu erwartende organisatorische und technische Veränderungen in der Pflege begründen einen weitergehenden Forschungs- und Entwicklungsbedarf, der Aspekte der Bewältigung der Folgen des demografischen Wandels in den Blick nimmt. Beispielsweise erfordern neue Pflegekonzepte sowie ein veränderter Aufgabenzuschnitt zwischen den einzelnen Beschäftigtengruppen im Krankenhaus neue Konzepte der Personal- und Organisationsentwicklung, die sich dezidiert mit alternsgerechten Veränderungen der Pflege (z. B. Qualifizierung, Gesundheitsförderung, Arbeitsgestaltung) beschäftigten. Wenn die zukünftig zu erwartenden Herausforderungen in der Pflege mit einer durchschnittlich älter werdenden Mitarbeiterschaft bewältigt werden müssen, ist automatisch ein spezifischer Blick auf die Folgen der Alterung notwendig. Dies kann nicht allein von den Akteuren in den Einrichtungen geleistet werden, sodass weitere Forschungsaktivitäten erforderlich sind.

Literatur

Bröckermann, R./Müller-Vorbrüggen, M. (2008):
Handbuch Personalentwicklung. Stuttgart

Deutsches Krankenhausinstitut (2007):
Krankenhaus Barometer: Umfrage 2007. Düsseldorf

Elke, G. (2007):
Veränderung von Organisationen – Organisationsentwicklung. In: Schuler, H./Sonntag, K.-H. (Hg.): Handbuch der Arbeits- und Organisationspsychologie. Göttingen, S. 752-759

Geldermann, B. (2010):
Demografie in der Pflege – Strategien zum betrieblichen Altersmanagement. In: Loebe, H./Severing, E. (Hg): Zukunftsfähig im demografischen Wandel. Herausforderungen für die Pflegewirtschaft. Bielefeld, S. 57–74

Gerisch, S./Oberlies, J. (2011):
Demografiefeste Personalpolitik in der Krankenhauspflege – Bedarfe und Handlungsstrategien. Reihe Leitfaden für die Bildungspraxis, Band 56. Bielefeld

Goetze, H.J. (1999):
Pflegewissenschaft auf dem Sprung zur Professionalität. Vortrag auf der Berliner Pflegetagung 1999. Online verfügbar unter: www.humanontogenetik.de (letzter Zugriff am 10.06.2010)

Gratias, R. (2004):
Case Management – Den Patienten zielgerichtet durch den Leistungsprozess führen. In: Die Schwester/Der Pfleger, Nr. 4, S. 288–292

Hasselhorn, H.M./Mueller, B.H./Tackenberg, P./Kuemmerling, A./Simon, M. (2005):
Berufsausstieg bei Pflegepersonal. Arbeitsbedingungen und beabsichtigter Berufsausstieg bei Pflegepersonal in Deutschland und Europa. Hg. von der BAuA. Dortmund/Berlin/Dresden

Hauschildt, J./Gemünden, H.-G. (1999) (Hg.):
Promotoren – Champions der Innovation. 2. Auflage. Wiesbaden

Iller, C. (2005):
Altern gestalten – berufliche Entwicklungsprozesse und Weiterbildung im Lebenslauf. Online verfügbar unter: www.die-bonn.de (letzter Zugriff am 16.08.2010)

Ilmarinen, J./Tempel, J. (2002):
Arbeitsfähigkeit 2010. Was können wir tun, damit Sie gesund bleiben? Hamburg

Kolloquium Berliner Pflegetagung (2005):
Kolloquium auf der Berliner Pflegetagung 2005 zum Thema „Pflege anders denken". Online verfügbar unter: www.humanontogenetik.de/Projekte/Pflegekongress/pflegekongress.html (letzter Zugriff am 11.06.2010)

Krüger, H. (2006):
Primary Nursing – lohnt sich der Aufwand? In: Die Schwester/Der Pfleger, Nr. 2, S. 92–95

Morschhäuser, M./Ochs, P./Huber, A. (2008):
Demographiebewusstes Personalmanagement. Gütersloh

Naegele, G. (2005):
Nachhaltige Arbeits- und Erwerbsfähigkeit für ältere Arbeitnehmer. In: WSI Mitteilungen, 4, S. 214–219

Naegele, G./Walker, A. (2007):
Ein Leitfaden für gute Praxis im Altersmanagement. Europäische Stiftung zur Verbesserung der Lebens- und Arbeitsbedingungen. Amt für amtliche Veröffentlichungen der Europäischen Gemeinschaften. Luxemburg

Oberlies, J. (2011):
Ansätze zur Bewertung der Wirksamkeit alternsgerechter Gestaltungsansätze in der Pflege. In: Loebe, H./Severing, E. (Hg): Zukunftsfähig im demografischen Wandel. Herausforderungen für die Pflegewirtschaft. Bielefeld, S. 159–170

Rump, J./Eilers, S. (2007):
Employability Management – lebenslange Beschäftigungsfähigkeit als Antwort auf den demografischen Wandel. In: Loebe, H./Severing, E. (Hg.): Demografischer Wandel und Weiterbildung. Strategien einer alterssensiblen Personalpolitik. Bielefeld, S. 39–58

Statistisches Bundesamt (2008):
Demografischer Wandel in Deutschland. Heft 2: Auswirkungen auf Krankenhausbehandlungen und Pflegebedürftige im Bund und in den Ländern. Wiesbaden

Stemmer, R./Haubrock, M./Böhme, H. (2008):
Gutachten zu den zukünftigen Handlungsfeldern in der Krankenhauspflege – Kurzfassung. Erstellt im Auftrag des Sozialministeriums Rheinland-Pfalz. Mainz

Tagungsband Professionalisierung (2003):
Professionalisierung der Pflege und Pflegebildung – Mythos oder realistische Perspektive. Tagungsband der bundesweiten Fachtagung für Lehrerinnen und Lehrer der Pflege am 04.06.2003. Online verfügbar unter: http://gesundheit-soziales.verdi.de/ (letzter Zugriff am 11.06.2010)

Ansätze zur Bewertung der Wirtschaftlichkeit und Wirksamkeit alternsgerechter Veränderungsprozesse in der Pflege

Julia Oberlies

1. Einleitung

Die Vielzahl existenter Studienergebnisse belegt, dass alternsgerechte Veränderungsprozesse betriebswirtschaftliche Effekte bewirken und damit zum Unternehmenserfolg beitragen können (vgl. Sokoll et al. 2008; Zink 2009; Göbel/Zwick 2010). In der Praxis messen jedoch wenige Unternehmen die tatsächlichen wirtschaftlichen Effekte (vgl. BDU-Studie 2009). Dies gilt es insbesondere vor dem Hintergrund des steigenden Wettbewerbs- und Kostendrucks in der Pflegebranche zu ändern, denn Aussagen zur Wirtschaftlichkeit und Wirksamkeit von Veränderungsprozessen unter Sicherstellung der erforderlichen Qualität treffen zu können, unterstützt Pflegeeinrichtungen bei der Legitimation und damit Durchführung entsprechender Aktivitäten.

Im Projekt „Älter werden in der Pflege" wurde auf Grundlage dessen ein Ansatz zur Sicherung der Wirtschaftlichkeit (Effizienz) und Wirksamkeit (Effektivität) demografieorientierter Veränderungsprozesse gemeinsam mit den Modelleinrichtungen und Fachexperten erarbeitet. Die dort erzielten Erkenntnisse werden in diesem Beitrag vorgestellt. Sie sind auf andere Einrichtungen der Pflegebranche durchaus transferierbar.

2. Wirtschaftlichkeit und Wirksamkeit bei der Planung, Durchführung und Evaluation demografieorientierter Veränderungsprozesse

Die Analyse demografieorientierter Veränderungsprozesse bezieht sich neben der rein betriebswirtschaftlichen Effizienzbewertung anhand harter Kennzahlen auch auf die Bewertung der Wirksamkeit (Effektivität) und damit die Erfassung subjektiv wahrnehmbarer Veränderungen durch die Umsetzung entsprechender Handlungsstrategien (vgl. Gerisch/Oberlies 2011). Nur auf das Kosten-Nutzen-Verhältnis und somit auf die Effizienz zu achten, ohne die Wirksamkeit von Maßnahmen zu überprüfen ist ebenso wenig sinnvoll, wie deren Qualität zu kontrollieren, ohne zu berücksichtigen, ob die Investitionen auch wirtschaftlich getätigt wurden (vgl. Löffelmann 2007). Die Wirksamkeitsbetrachtung alternsgerechter Veränderungsprozesse wird demnach prozessbezogen verstanden, d.h. sie schließt sich nicht als rein ökonomische Erfolgskontrolle an das Ende von Veränderungsprozessen an, sondern wird im Sinne der Qualitätssicherung im gesamten Prozess von deren Planung über die Durchführung bis zur Evaluierung eingebunden.

Es wird also geprüft, ob sich die demografiebezogenen Umsetzungsschritte von der Planung bis zur Evaluation bedarfs- und zielorientiert sowie methodisch effektiv und effizient gestalten (vgl. Abb. 1).

Abbildung 1: Modell zur Sicherstellung der Wirtschaftlichkeit und Wirksamkeit demografieorientierter Veränderungsprozesse

Im rein betriebswirtschaftlichen Verständnis bezieht sich der Begriff der „Wirtschaftlichkeit" bzw. „Effizienz" auf das Verhältnis von Kosten und Nutzen in Geldeinheiten (vgl. Wöhe 1996). Die bei der Erstellung eines Produktes aufgewendeten Kosten können ebenso klar definiert werden wie die aus dem fertigen Produkt erwirtschafteten Erträge, z. B. durch dessen Verkauf.

Unter „Wirksamkeit" bzw. „Effektivität" wird allgemein die Gegenüberstellung von Zielen und Erfolgen verstanden. Wirksamkeit bezeichnet damit nicht primär die ökonomischen Erfolge von Maßnahmen, sondern bezieht auch subjektiv wahrnehmbare Veränderungen wie z. B. eine erhöhte Mitarbeiterzufriedenheit ein.

Bezogen auf demografiebezogene Veränderungsprozesse werden Effektivität und Effizienz in einem Ansatz integriert. Die Sicherung der Wirksamkeit und Wirtschaftlichkeit demografieorientierter Veränderungsprozesse bedeutet, auf Basis fest definierter Ressourcen in einem überschaubaren Zeitraum und mit priorisierten Themen erfolgversprechende Maßnahmen umzusetzen und dabei möglichst an Bestehendem anzusetzen. Wirtschaftlichkeits- und Wirksamkeitsbetrachtungen sind prozessbezogen angelegt, d.h. sie werden auf jeder Stufe des Veränderungsprozesses berücksichtigt (vgl. Gerisch/Oberlies 2011).

2.1 Planung

Bereits in der Planungsphase gilt es die Effizienz und Effektivität zu sichern, um mit demografieorientierten Veränderungsprozessen einen möglichst hohen Nutzen für das Unternehmen erzielen zu können:

- *demografiebezogene Bedarfsanalyse:* Grundlage für die Festlegung umsetzbarer Ziele ist ein genauer Überblick über zukünftige Herausforderungen in jeder Einrichtung bezogen auf die Altersstruktur, die Arbeitsorganisation und sich verändernde Tätigkeiten oder bezogen auf die Qualifikation und Kompetenz der Beschäftigten. Die demografiebezogene Bedarfserhebung beinhaltet neben der Analyse der aktuellen Altersstruktur und deren prognostische Entwicklung auch die Erfassung der aktuellen Arbeitssituation. Mit der Altersstrukturanalyse (ASA[1]) und der Arbeitssituationsanalyse (AsitA[2]) stehen Ein-

---

[1] Bei der Altersstrukturanalyse (ASA) handelt es sich um ein Instrument zur Früherkennung personalwirtschaftlicher Risiken über die Visualisierung der aktuellen und zukünftig zu erwartenden Altersstruktur. Sie zeigt sowohl die Situation im gesamten Unternehmen (Globalanalyse) wie in den Teilbereichen (Detailanalyse), z. B. Pflege, Verwaltung.

[2] Die Arbeitssituationsanalyse (AsitA) basiert auf einem standardisierten Verfahren zur Arbeitssituationsanalyse und ergänzt dieses um demografiebezogene Aspekte. Die Erhebung erfolgt mittels quantitativer Befragung der Mitarbeiter als Experten ihres Arbeitsplatzes.

richtungen hierfür bewährte Instrumente zur Verfügung (vgl. Gerisch/ Knapp/ Töpsch 2010).

- *effiziente Ressourcenplanung:* Die finanziellen, zeitlichen und personellen Kapazitäten für die Bearbeitung eines demografieorientierten Personalprojekts sollten bereits zu Projektbeginn budgetiert und ggf. in einem Kostenplan verankert werden. Die Kostenplanung dient dem Vergleich verschiedener Maßnahmenoptionen und unterstützt bei der Auswahl von Maßnahmealternativen nach Kostengesichtspunkten.

2.2 Durchführung

In der Durchführungsphase demografieorientierter Veränderungsprozesse haben sich insbesondere als erfolgsversprechend herausgestellt:

- *klare Projektstrukturen:* Diese werden durch das Festlegen von festen Ansprechpartnern, die Verteilung von Zuständigkeiten und die Einführung regelmäßiger Projekttreffen etabliert.
- *partizipativer Projektansatz:* Die Anerkennung und Einbeziehung der Pflegekräfte als Experten ihres Arbeitsplatzes führt zum einen zu mehr Akzeptanz der Veränderungsprozesse bei den Mitarbeitern, zum anderen wird dadurch gewährleistet, auch die aus Mitarbeitersicht vordringlichsten demografiebedingten Problemlagen mit den geplanten Maßnahmen aufzugreifen.
- *externe Unterstützung:* Um „Betriebsblindheit" zu vermeiden und sicherzustellen, dass die objektiv wichtigen Problemlagen mit dem Projekt angegangen werden, hat sich externe Unterstützung bei der Projektarbeit als hilfreich erwiesen.

2.3 Evaluation: Gegenüberstellung von Kosten und Nutzen

In der Evaluationsphase wird nach Umsetzung der Veränderungsprozesse untersucht, welche Wirkungen bzw. welcher Nutzen sich aus demografiefesten Personalmaßnahmen für Pflegeeinrichtungen ergeben. Neben der Erfassung der durch das Projekt entstandenen direkten und indirekten Kosten (Input) und dem Abgleich mit den budgetierten Kosten wird in der Evaluationsphase auch abschließend der erzielte Nutzen (Output) erhoben.

2.3.1 Erfassung der Kosten

Da sich die Erfassung der durch demografieorientierte Veränderungsprozesse entstandenen Kosten im Vergleich zur Bewertung des daraus resultierenden Nutzens wesentlich einfacher gestaltet, wird an dieser Stelle nur kurz auf die Kostenaspekte eingegangen. Allgemein sind bei der Bewertung der Kosten demografieorientierter Personalmaßnahmen sowohl indirekte als auch direkte Personal- und Sachkosten zu berücksichtigen. Als direkte Personalkosten sind z. B. Honorare für externe Berater und Referenten im gesamten Projektverlauf zu veranschlagen. *Indirekte Personalkosten* ergeben sich durch anteilige Personalkosten der am Projekt beteiligten Akteure, die beispielsweise für die Ausarbeitung des Projektkonzepts entstehen. Auch Lohn-Ersatzkosten für Ausfallzeiten durch Teilnahme von Pflegekräften an Maßnahmen (z. B. Gesundheitstrainings) sind als indirekte Personalkosten zu verbuchen.

Kosten für den Einsatz von Instrumenten zur Bedarfsanalyse (z. B. Altersstrukturanalyse) oder Informations- und Werbekosten zum Projekt sind den direkten Sachkosten zuzuordnen. Als *indirekte Sachkosten* gelten beispielsweise durch Maßnahmen entstandene Raum- oder Reisekosten sowie Verpflegungskosten für Projektveranstaltungen. Die folgende Tabelle gibt eine Übersicht, welche direkten und indirekten Personal- und Sachkosten bei der Wirtschaftlichkeitsbetrachtung bezüglich Planung, Durchführung und Evaluation von Veränderungsprozessen im Wesentlichen zu berücksichtigen sind.

Planungsphase	Direkte Kosten	Indirekte Kosten
Personalkosten	– Honorare externer Berater/ Referenten, z. B. zur Durchführung der Analyseinstrumente – …	– anteilige Personalkosten: interne Projektakteure und Verwaltung zur Ausarbeitung eines Konzeptes – …
Sachkosten	– Kosten für Instrumenteneinsatz, z. B. Altersstrukturanalyse – …	– Veranstaltungskosten für Auftakt-Workshop, z. B. Verpflegung, Raummiete, Reisekosten – …
Durchführungsphase	**Direkte Kosten**	**Indirekte Kosten**
Personalkosten	– Honorare externer Berater/ Referenten, z. B. zur Moderation von Workshops – …	– anteilige Personalkosten: interne Projektakteure und Verwaltung zur Erarbeitung einzelner Projektaufgaben – Freistellungskosten für Ausfallzeiten durch Teilnahme an Maßnahmen, z. B. Gesundheitstrainings – …
Sachkosten	– Maßnahmekosten, z. B. Gebühren, Materialien, Technik – Informations- und Werbekosten, z. B. Flyer, Plakate, Infobroschüren – Investitionskosten, z. B. Anschaffung von Hilfsmitteln, Hygieneartikeln – …	– Maßnahmekosten, z. B. Kosten Raumbenutzung, Reisekosten, Büro- und Kopiermaterial – …
Evaluationsphase	**Direkte Kosten**	**Indirekte Kosten**
Personalkosten	– Honorare für externe Berater zur Erstellung und Präsentation eines Evaluationsberichts – …	– anteilige Personalkosten: interne Projektakteure und Verwaltung zwecks Durchführung von Evaluationsinterviews – …
Sachkosten	– Evaluationskosten, z. B. Material- oder Druckkosten für Fragebögen, Tonbänder für Interviews – …	– Evaluationskosten, z. B. Büro- und Präsentationsmaterial – …

Tabelle 1: Kostenarten bei demografieorientierten Veränderungsprozessen

2.3.2 Kennzahlengestützte Wirksamkeitsbewertung

Erfahrungsgemäß schlägt sich die Wirksamkeit demografieorientierter Veränderungsprozesse nicht nur in quantitativen, betriebswirtschaftlichen Größen, sondern vor allem auch in qualitativen, nicht direkt in Zahlen zu belegenden Effekten nieder (vgl. Adenauer/Stowasser 2010). Entscheidend ist es, auch diese Wirkungen transparent zu machen, die sich zwar nicht direkt monetär bewerten lassen, aber dennoch einen Beitrag zur Verbesserung der Leistungs- und Beschäftigungsfähigkeit der Pflegekräfte leisten, wie beispielsweise die Reduzierung arbeitsbedingter Belastungen und die damit einhergehende erhöhte Verweildauer der Beschäftigten im Beruf.

Um die durch demografieorientierte Veränderungsprozesse erzielten Wirkungen bewertbar zu machen, müssen derartige unspezifische Effekte konkretisiert und auf möglichst messbare Merkmale oder Kennzahlen spezifiziert werden. Erst anhand von Kennzahlen kann der Zielerreichungsgrad der alternsgerechten Veränderungsprozesse bestimmt und dadurch die Wirksamkeit konkreter bewertet werden. Eine empfundene Belastungsreduzierung wird beispielsweise durch eine geringere Fehlzeitenquote oder eine erhöhte Verweildauer messbar. Zwar sind solche „weichen" Kennzahlen schwieriger zu erfassen als betriebswirtschaftliche Größen, aber sie ermöglichen eine Prognose: Jede Pflegekraft, die aufgrund einer höheren Arbeitszufriedenheit auf ihrem Arbeitsplatz verbleibt, bringt der Pflegeeinrichtung einen (ökonomischen) Nutzen, weil Kosten durch Ausfälle oder auch Personalbeschaffung erst gar nicht anfallen (vgl. Mühlbauer 2010).

Folgende sowohl „harte" als auch „weiche" Kennzahlen konnten im Projekt „Älter werden in der Pflege" zur Bewertung der Wirksamkeit demografieorientierter Veränderungsprozesse identifiziert werden (Tab. 2):

„weiche" Kennzahlen	**„harte" Kennzahlen**
– Arbeitszufriedenheit	– Altersstruktur
– Arbeitsmotivation	– Verweildauer
– Verlässlichkeit des Dienstplans	– Überstunden
– …	– Krankmeldungen
	– Bewerbungseingang
	– …

Tabelle 2: Kennzahlen zur Bewertung der Wirksamkeit

Eine erhöhte Arbeitszufriedenheit und -motivation der Pflegekräfte wurde vielfach durch die Einrichtungen wahrgenommen und als Nutzen demografieorientierter Veränderungsprozesse benannt. Um die Steigerung von Zufriedenheit und Motivation über die subjektive Wahrnehmung hinaus messbar zu machen, kommen Instrumente wie beispielsweise Mitarbeitergespräche zwischen Führungskraft und Mitarbeiter oder auch standardisierte Mitarbeiterbefragungen infrage.

Auch in der Verlässlichkeit des Dienstplans sehen Einrichtungen eine Möglichkeit, den Nutzen demografieorientierter Veränderungsprozesse festzustellen. Die Annahme ist, dass die Mitarbeiter ihre Dienste eher einhalten und nicht so häufig tauschen, wenn sie weniger belastet sind. Ein stabilerer Dienstplan wirkt sich wiederum entlastend auf die Pflegekräfte aus, die sonst spontan für die ausfallenden Kollegen einspringen müssten.

Die Wirksamkeit demografieorientierter Veränderungsprozesse lässt sich zudem an „harten" Kennzahlen messen: Durch regelmäßige Erhebungen der Altersstrukturdaten können langfristige Erfolge wie z. B. eine Erhöhung des Renteneintrittsalters erkannt werden. Die regelmäßige Auswertung der Altersstruktur liefert zudem frühzeitige Hinweise für den notwendigen Zeitpunkt des Personalersatzbedarfs pro Station. Die Wirksamkeit dieses Vorgehens zeigt sich z. B. in der Vermeidung von Personalengpässen durch frühzeitige Aktivitäten im Personalmarketing.

Auch eine Erhöhung der Verweildauer der Pflegekräfte in der Einrichtung ist eine Kennzahl für die Wirksamkeit demografieorientierter Veränderungsprozesse. Wenn arbeitsinduzierte Belastungen der Pflegekräfte reduziert werden können und sie mit ihrer Arbeitssituation zufrieden sind, steigt die Wahrscheinlichkeit, dass sich auch die Verweildauer im Beruf erhöht. Für die Krankenhäuser ergibt sich in der Konsequenz eine erkennbare Einsparung der sonst häufiger anfallenden Rekrutierungs- und Einarbeitungskosten. Weitere denkbare Kennzahlen stellen eine niedrigere Krankenquote, die Reduktion von Überstunden sowie ein erhöhter Bewerbungseingang durch ein verbessertes Image als Arbeitgeber dar.

Ein Großteil der benannten Kennzahlen wird bereits regelmäßig im Rahmen des bestehenden Controllings in den Krankenhäusern erfasst. Das bietet den Vorteil, dass keine neuen Instrumente für deren Erhebung entwickelt werden müssen, sondern die Überprüfung der gewählten Demografie-Kennzahlen in bereits bestehende Verfahren und Instrumente des Qualitätsmangements integriert werden kann. Um die Wirksamkeit von Veränderungsprozessen über einen längeren Zeitraum prüfen zu können, wurden zu den einzelnen Kennzahlen im Projekt „Älter werden in der Pflege“ geeignete Instrumente definiert und zugeordnet, in welchen Zeitabständen die Überprüfung erfolgen sollte. Die folgende Tabelle listet beispielhaft mögliche Instrumente, Frequenzen und Dokumentationswege zur Messung einzelner Kennzahlen auf.

Kennzahl	**Instrument**	**Frequenz**	**Dokumentation**
Altersstruktur	Altersstrukturanalyse	alle 2 Jahre	Reporting an Geschäftsführung
Arbeitsbelastung / Krankmeldungen	Personalstatistik	4 x pro Jahr	Reporting an Geschäftsführung
Arbeitszufriedenheit	Mitarbeitergespräche (formell und informell), Mitarbeiterbefragungen	1 x pro Jahr	Ergebnisbericht an Geschäftsführung
...	...	...	...

Tabelle 3: Instrumente zur Messung demogafrieorientierter Nutzenkennzahlen

Bisher gibt es kaum kennzahlenbasierte Erkenntnisse aus der betrieblichen Praxis, wie sich demografieorientierte Veränderungsprozesse tatsächlich langfristig auf Unternehmen auswirken. Eine 2010 veröffentlichte Studie liefert erstmals repräsentative Erkenntnisse zu dieser Thematik (vgl. Göbel/Zwick 2010). In der Studie wird untersucht, ob alternsgerechte Maßnahmen den Produktivitätsbeitrag älterer im Vergleich zu jüngerer Mitarbeiter verbessern und ob damit Produktivitätseinbußen infolge alternder Belegschaften entgegengewirkt werden kann. Für ihre Analyse stützten sich die Autoren auf die Daten des Betriebspanels 1997–2005 des Instituts für Arbeitsmarkt- und Berufsforschung (IAB). Die Analyse basiert auf wirtschaftlichen Kennzahlen wie z. B. Umsatz und Wertschöpfung in Verbindung mit Daten zur Mitarbeiterstruktur des Unternehmens (z. B. Alter, Geschlecht).

Als zentrales Ergebnis stellt sich heraus, dass eine alternsgerechte Arbeitsplatzgestaltung und weniger physisch belastende Tätigkeiten einen positiven Einfluss auf die Produktivität älterer Mitarbeiter haben. In Bezug auf den Einsatz altersgemischter Teams wird sogar eine Produktivitätssteigerung sowohl der älteren als auch der jüngeren Mitarbeiter erreicht.

3. Fazit

Der im Projekt „Älter werden in der Pflege“ entwickelte Ansatz zeigt Einrichtungen auf, wie sie die Wirksamkeit und Wirtschaftlichkeit demografiebezogener Veränderungsprozesse systematisch bewerten können. Bei der kennzahlengestützten Bewertung treten jedoch auch verschiedene methodische Schwierigkeiten auf: Zum einen beruht die Bewertung der Wirksamkeit anhand der beispielhaft aufgeführten Kennzahlen weitgehend auf Annahmen, denn je weiter die angestrebten Wirkungen in der Zukunft liegen, desto schwieriger wird es, eingetretene Effekte auf durchgeführte Veränderungsprozesse zurückzuführen. Zudem weisen umgesetzte Maßnahmen meist ein breites Wirkungsspektrum auf unterschiedlichen Ebenen auf. Aufgrund komplexer Ursache-Wirkungs-Beziehungen der Maßnahmen ist die Zuschreibung positiver Effekte wie z. B. die Verbesserung der Gesundheitssituation der Mitarbeiter oder die Senkung der Krankentage als Folge von Gesundheitsmaßnahmen nicht immer eindeutig möglich. Eingetretene Veränderungen können auch aufgrund weiterer Einflüsse entstanden sein. Gerade bei demografieorientierten Veränderungsprozessen werden häufig mehrere Maßnahmen parallel angestoßen, welches ebenfalls die Zuordnung bestimmter Effekte auf einzelne Maßnahmen erschwert.

Trotzdem ist eine kennzahlengestützte Bewertung ratsam und möglich, wie die dargestellten Ergebnisse des Projekts „Älter werden in der Pflege“ zeigen. Es geht dabei weniger darum, kausale und monetäre Effekte z. B. durch Return on Investment-Berechnungen zu belegen, sondern sich auch durch einfache Methoden wie Auswertungsgespräche oder leitfadengestützte Mitarbeitergespräche einen Überblick über die Wirksamkeit von Veränderungsprozessen aus Sicht der Beschäftigten zu verschaffen.

Die Ansätze zur Bewertung demografieorientierter Veränderungsprozesse in der Pflege bedürfen der Weiterentwicklung, um fundierte Aussagen zur Wirtschaftlichkeit und Wirksamkeit treffen zu können.

Literatur

Adenauer, S./Stowasser, S. (2010):
Wettbewerbsvorteile durch Gesundheitskultur und Gesundheitsmanagement. In: Gesellschaft für Arbeitswissenschaft (Hg.): Bericht zum 56. Kongress vom 24.–26. März 2010. Dortmund, S. 497–500

Bund Deutscher Unternehmensberater BDU e.V. (2009):
Demografie-Exellenz – Herausforderungen im Personalmanagement. Ergebnisse einer Studie in Baden-Württemberg. Lörrach

Gerisch, S./Knapp, K./Töpsch, K. (2010):
Demografiefeste Personalpolitik in der Altenpflege – Handlungsbedarf erfassen. Bielefeld

Gerisch, S./Oberlies, J. (2011):
Demografiefeste Personalpolitik in der Krankenhauspflege. Bedarfe und Handlungsstrategien. Bielefeld

Göbel, C./Zwick, T. (2010):
Which Personnel Measures are Effective in Increasing Productivity of Old Workers? Diskussionspapier 10-069 des Zentrums für Europäische Wirtschaftsforschung (ZEW). Mannheim

Löffelmann, S. (2007):
Handlungshilfen für Bildungsberater: Wirtschaftlichkeit von Weiterbildung. Band 24: Leitfäden für die Bildungspraxis. Bielefeld

Mühlbauer, B. H. (2010):
Die richtige Strategie für die Zukunft. In: Personalwirtschaft – Magazin für Human Resources. Special Gesundheitsbranche, Extra 2010, S. 20–23

Sokoll, I./Kramer, I./Bödeker, W. (2008):
Wirksamkeit und Nutzen betrieblicher Gesundheitsförderung und Prävention. IGA-Report 13. Essen

Wöhe, G. (1996):
Einführung in die allgemeine Betriebswirtschaftslehre. 19. Auflage. München

Zink, K. J. (2009):
Integratives Betriebliches Gesundheitsmanagement – ein Kooperationsprojekt des Instituts für Technologie und Arbeit und der AOK. Umsetzung und Evaluation unter Berücksichtigung einer Stakeholderperspektive. In: Badura, B. (Hg.): Fehlzeiten-Report 2008. Betriebliches Gesundheitsmanagement: Kosten und Nutzen. Heidelberg

Erfolgsfaktoren erfolgreicher und nachhaltiger Veränderungsprozesse zum demografischen Wandel – Handlungsoptionen für Pflegeeinrichtungen

Pamela Ostendorf, Kathrin Kromark

1. Einleitung

Die Auswirkungen des demografischen Wandels werden in Deutschland immer stärker spürbar. Wie in den vorherigen Kapiteln bereits ausgiebig geschildert wurde, zählt vor allem das Gesundheitswesen zu den Branchen, in denen sich die Auswirkungen in Form eines ausgeprägten Fachkräftemangels am deutlichsten zeigen und zukünftig noch stärker zeigen werden. Dieser Mangel an qualifizierten Pflegekräften, um den steigenden Bedarf an professioneller Pflege in Deutschland aufzufangen, bildet den Fixstern, um den sich alle Initiativen der Politik, der Versicherungssysteme, der Berufsverbände sowie der anderen aktiven und engagierten Organisationen und Institutionen in Deutschland drehen. Die Pflegeeinrichtungen, die diesen Mangel managen müssen, haben dabei im Wesentlichen nur drei Möglichkeiten zu reagieren (vgl. Brandenburg u.a. 2007):

- Sie ignorieren den Mangel und machen weiter wie bisher.
- Sie holen Arbeitskräfte aus dem Ausland nach Deutschland, wie es teilweise schon in Modellversuchen praktiziert wird (vgl. z.B. das Projekt Triple-Win Migration[1]).
- Sie investieren in das Personal, um die Beschäftigungsfähigkeit der (älteren) Mitarbeiter aufrechtzuerhalten.

Obwohl die erste geschilderte Möglichkeit noch immer am weitesten verbreitet ist, gibt es erfreulicherweise immer mehr Pflegeeinrichtungen, die bereit sind, etwas für ihre (älteren) Beschäftigten zu tun.

Erfahrungsgemäß benötigen Einrichtungen bei der Aufnahme eines Veränderungsprozesses Unterstützung von außen. Auf dem deutschen Markt gibt es mitt-

[1] Vgl. unter www.iegus.eu/download/Projektvorhaben_Kurzversion_100518.pdf am 10.11.2010

lerweile eine beeindruckende Anzahl von Dienstleistungen rund um den demografischen Wandel. Es handelt sich jedoch dabei überwiegend um pflegeunspezifische Angebote. Ergänzt werden diese Angebote durch pflegespezifische Forschungs- und Entwicklungsprojekte unterschiedlicher Förderer, die für Pflegeeinrichtungen ungleich höheren Attraktivitätswert besitzen, da sie spezifische Belange der Pflege aufgreifen und in der Regel kostenneutral sind.

Einen Überblick über aktuelle Projekte, die ältere Beschäftigte in der Pflege im Betrachtungsfokus haben, gibt die Machbarkeitsstudie „Demografischer Wandel in der Pflege – Konzepte und Modelle für den Erhalt und die Förderung der Arbeits- und Beschäftigungsfähigkeit von Pflegekräften“ (Metz u.a. 2009). In dieser Auftragsarbeit des Bundesministeriums für Arbeit und Soziales (BMAS) konnten 32 Projekte identifiziert werden, die sich mit der Thematik beschäftigen. Ausgehend von dieser Grundlage konnten Empfehlungen zur erfolgreichen Implementierung und Nachhaltigkeit von Veränderungsprozessen zum demografischen Wandel in Pflegeeinrichtungen formuliert werden. Erfolgsfaktoren finden sich hierbei sowohl innerhalb als auch außerhalb des Betriebs.

Innerhalb des Betriebs scheinen die aktive Einbindung der Beschäftigten sowie der Einbezug aller Hierarchieebenen bei der Entwicklung und Umsetzung der Veränderungsprozesse eine wichtige Rolle zu spielen. Veränderungen sind zudem nur dann erfolgreich, wenn Führungskräfte als Promotoren des Veränderungsprozesses auftreten. Ein Leitbild, das die formulierten Veränderungen aufgreift und deren Umsetzung zementiert, scheint ebenso ein wertvoller Erfolgsfaktor zu sein. Außerhalb des Betriebs wird vor allem auf die Bedeutung von Netzwerken und die Anbindung der Einrichtung an solche hingewiesen.

Im Folgenden werden diese Erfolgsfaktoren für erfolgreiche Veränderungsprozesse näher beleuchtet.

2. Erfolgsfaktoren für nachhaltige Veränderung innerhalb von Pflegeeinrichtungen

2.1 Mitarbeiterbeteiligung

Eine Veränderung ist nur erfolgreich, wenn es gelingt, die Betroffenen für den Wandel zu gewinnen und sie zu Beteiligten zu machen. Die Bedeutung der Mitarbeiterbeteiligung an betrieblichen Prozessen und Entscheidungen ist schon seit den Arbeiten im Programm „Humanisierung der Arbeit“ in den späten 70er Jahren bekannt. Dachler und Wilpert (1978) unterscheiden fünf Arten der Partizipation auf einem Kontinuum von reiner Information der Beschäftigten bis zur Autonomie. Neben dem Grad der Beteiligung nimmt diese unterschiedliche Formen an: Mitarbeiter können direkt an Veränderungsprozessen beteiligt werden, es können aber auch Repräsentanten der Beschäftigten (im häufigsten Fall die Interessenvertretung) einbezogen werden, sodass der einzelne Mitarbeiter nur indirekt partizipiert. Die Beteiligung der Beschäftigten kann einen bestimmten Anlass haben und einmalig sein wie es z. B. im Falle einer Mitarbeiterbefragung vorkommt oder aber kontinuierlich sein wie z. B. im Kontext eines betrieblichen Vorschlagswesens. Darüber hinaus kann die Partizipation in den alltäglichen Arbeitsablauf integriert (wie z. B. bei partzipativen Arbeitsorganisationsformen) oder aber vom regulären Arbeitsablauf getrennt sein (wie z. B. in der Projektarbeit).

Die Beteiligung der Beschäftigten an Planungs- und Entscheidungsprozessen hat sich in den letzten Jahrzehnten mehr und mehr durchgesetzt. Ein wesentlicher Grund dafür liegt sicher darin, dass der Aspekt der Mitarbeiterbeteiligung als fester Bestandteil in einige Qualitätsmanagementsysteme integriert wurde (z. B. DIN EN ISO 9001). Der etwas veraltete Begriff der Mitarbeiterbeteiligung wird häufiger durch den Begriff „Empowerment“ ersetzt (vgl. z. B. Blanchard/Carlos/Randolph 1999).

Sollen Beschäftigte an Veränderungsprozessen teilhaben, so ist es notwendig, dass diese bereits in der Planungsphase informiert, bei der Ist-Analyse einbezogen und bei der Maßnahmenplanung beteiligt werden, damit sie bei der Umsetzung der geplanten Maßnahmen motiviert mitwirken können. Hierfür gilt es, innerhalb der Organisation nachhaltig notwendige Voraussetzungen und Rahmenbedingungen (wie z. B. die Freistellung der Beschäftigten für die Arbeit am Veränderungsprozess) zu schaffen. Eine wichtige Rolle nimmt hierbei die Führungskraft ein.

Wurden die Mitarbeiter auf diese Weise an Veränderungsprozessen beteiligt, konnten in empirischen Studien Effekte auf die Leistung (vgl. Miller/Monge 1986) und Arbeitszufriedenheit (vgl. Wagner u. a. 1997) der Beschäftigten nachgewiesen werden.

Erfahrungen mit partizipativer Arbeitsgestaltung in der Pflege konnten im Projekt „Älter werden in der Pflege“ gesammelt werden. In einer stationären Altenpflegeeinrichtung konnten Unzufriedenheit sowie Reibungs- und Informationsverluste an der Schnittstelle Hauswirtschaft/Pflege durch Optimierung der Arbeitsabläufe bei der Essensausgabe verringert werden. Die Umgestaltung der Arbeitsorganisation erfolgte unter maßgeblicher Beteiligung der Beschäftigten beider Berufsgruppen und führte dazu, dass insbesondere den Hauswirtschaftskräften bei der Essensausgabe ein höheres Maß an Autonomie und Partizipation eingeräumt wurde. Als sekundäre Effekte zeigten sich außerdem die Stärkung der Bewohnerorientierung, die Steigerung der Mitarbeitermotivation sowie der erlebten Wertschätzung der Mitarbeiter.

2.2 Rolle der Führungskräfte

Betriebliche Veränderungsprozesse lösen bei den Beschäftigten in der Regel Ängste und Handlungsunsicherheit aus. Führungskräfte als Gestalter der Veränderung haben maßgeblichen Einfluss auf den Ablauf und die Nachhaltigkeit des Veränderungsprozesses. Über die Art und Weise wie sie Veränderungen ankündigen, unterstützen und begleiten, steuern sie sowohl die strukturellen Rahmenbedingungen der Veränderung als auch das Veränderungserleben ihrer Mitarbeiter. Soll Nachhaltigkeit erzielt werden, gilt es, als Führungskraft die Rolle des Promotors einzunehmen und für Veränderungsmaßnahmen aktiv zu werben sowie dabei zu unterstützen. Vorgesetzte haben eine Vorbildfunktion: Anhand ihrer Glaubwürdigkeit beurteilen die Mitarbeiter auch die Bedeutung des Veränderungsvorhabens.

Diese weitreichende Verantwortung der Führungskräfte geht aber oft mit einer großen Verunsicherung über die genaue Ausgestaltung der Führungsaufgaben einher. So konnte Eiff (2000, zitiert nach Zimber 2006) bei Führungskräften im Krankenhaus erhebliche Defizite in den Bereichen Personalführung und Organisation feststellen und Zietschmann (2005, zitiert nach Zimber 2006) konstatierte für die Altenpflege eine Überforderung vor allem der mittleren Leitungsebene, was sich auf die Qualität der Arbeit ebenso auswirkte wie auf das Betriebsklima. Sozialmanager selbst äußern häufig, auf ihre Führungsrolle ungenügend vorbereitet zu sein (vgl. Zimber 2006). Obwohl in den letzten Jahren durch gesetzliche und strukturelle Veränderungen ein Professionalisierungsschub der Pflege zu verzeichnen ist, der die Qualität der Führung positiv beeinflusst hat, sind gezielte Hilfestellungen für diese Zielgruppe weiterhin sinnvoll. Im Projekt „Älter werden in der Pflege“ wurden in mehreren Einrichtungen die Führungskräfte dahingehend unterstützt, dass sie konkrete Anregungen zur Durchführung von (gesundheitsförderlichen) Mitarbeitergesprächen erhalten haben oder dass der regelmäßige Informationsaustausch zwischen Führung und Mitarbeitern oder auch zwischen Führungskräften verschiedener Funktionsgruppen eingeführt wurde.

Um als authentischer Promotor im demografischen Wandel auftreten zu können, ist es für Führungskräfte wichtig, Informationen über das kompetenzorientierte Altersbild (als Gegenpol zum defizitorientierten Altersbild) zu erlangen und sich diesem zuzuwenden. Denn eine gelebte wertschätzende Grundhaltung älteren Mitarbeitern gegenüber, die deren Erfahrungen, Kompetenzen und Ressourcen ebenso registriert wie deren Belastungen und Beanspruchungen, kann bereits einen Paradigmenwechsel in der Unternehmenskultur auslösen, wie dies im Projekt „Älter werden in der Pflege" geschehen ist. Den meisten Führungskräften der sechs Fallstudienbetriebe des Projekts war die Bedeutsamkeit der älteren Belegschaft für ihre Einrichtung schon zu Beginn des Projekts verständlich. Dennoch konnte in diesen Einrichtungen ein Paradigmenwechsel angeregt werden, der sich auf die gesamte Unternehmenskultur ausdehnte und beispielsweise dazu führte, dass auch ältere Personen bei anstehenden Stellenbesetzungen berücksichtigt wurden.

Neben der Bedeutung, die Führungskräfte auf die Nachhaltigkeit von Veränderungsprozessen und die Unternehmenskultur haben, ist die Auswirkung ihres Führungsverhaltens auf die Gesundheit der Mitarbeiter mindestens ebenso bedeutsam. Die Führungskraft ist hierbei zum einen dafür verantwortlich, dass die Beschäftigten bei der Ausübung ihrer Tätigkeit möglichst optimale Bedingungen erwarten können. Sie muss aber ebenso dafür sorgen, dass das soziale Miteinander funktioniert und die Motivation und Leistungsbereitschaft der Mitarbeiter erhalten bleibt.

Dass das Führungsverhalten von den Mitarbeitern sowohl als Ressource als auch als Stressor erlebt werden kann, ist mittlerweile durch empirische Studien hinreichend bestätigt (vgl. z. B. Hyde u. a. 2006). Als belastend werden z. B. Führungsvorgaben empfunden, die nicht oder nur unter erschwerten Bedingungen erledigt werden können oder die widersprüchliche Anforderungen beinhalten. Darüber hinaus wird das Führungsverhalten als Stressor wahrgenommen, wenn es in ein sozial belastendes Arbeitsklima mündet. Empirische Studien belegen, dass das Führungsverhalten als motivationsförderlich erlebt wird, wenn die Beschäftigten durch die Führungskraft soziale Unterstützung erfahren (vgl. z. B. Stansfeld u. a. 1997).

2.3 Steuerungsinstrumente: Leitbild und kontinuierlicher Verbesserungsprozess

Eine nachhaltige Veränderung ist nur erreicht, wenn diese in der Einrichtung verankert und gelebt wird. Dazu sind Steuerungsinstrumente einzusetzen, zu denen sowohl ein Leitbild als auch die Einführung eines kontinuierlichen Verbesserungsprozesses zählen.

Ein Leitbild ist der Ausgangspunkt für eine gewollte Entwicklung und Veränderung der betrieblichen Realität. Es formuliert die angestrebte Identität der Einrichtung und ist Ausgangspunkt und Zieldefinition für alle anstehenden Veränderungen. Ein Leitbild ist demnach eine Orientierungshilfe und stellt ein realistisches Idealbild einer Einrichtung dar. Es enthält die grundsätzlichsten und damit allgemeingültigsten, aber auch abstraktesten Vorstellungen über die angestrebten Ziele und Verhaltensweisen. Damit das Leitbild mit Leben gefüllt werden kann, gilt es, die Leitbildforderungen in konkrete betriebliche Handlungen zu übersetzen. Die zentrale Idee ist es, das Leitbild so mit der praktischen Arbeit zu verknüpfen, dass sich wirklich konkrete Verhaltensweisen daraus ableiten lassen. Für die Pflege könnte beispielsweise das oben erwähnte kompetenzorientierte Altersbild im Leitbild aufgenommen werden. Oder es könnte ausdrücklich darauf hingewiesen werden, dass Diskriminierungen – auch aufgrund des Alters – nicht geduldet werden. Konkret äußern würden sich diese Leitsätze zum Beispiel darin, dass Fortbildungen oder Aufstiegschancen auch älteren Beschäftigten angeboten werden müssten oder dass darauf geachtet wird, dass die Patienten möglichst von altersgemischten Teams betreut werden, um die Kompetenz und das Erfahrungswissen der älteren Pflegekräfte aufzugreifen.

Leitbildentwicklung geht häufig mit betrieblichen Veränderungsprozessen einher. Das Leitbild sorgt dabei für eine langfristige und nachhaltige Manifestation der betrieblichen Veränderungen. In Veränderungsprozessen zum demografischen Wandel sollte die Chance, die Unternehmenskultur, die Haltung der Belegschaft gegenüber älteren Mitarbeitern und vielleicht sogar die konkreten Arbeitsbedingungen langfristig über ein Leitbild zu beeinflussen, genutzt werden. Eine Leitbildentwicklung oder Erweiterung des bestehenden Leitbildes als begleitende Maßnahme ist somit zu empfehlen.

3. Erfolgsfaktoren für nachhaltige Veränderung außerhalb von Pflegeeinrichtungen

3.1 Netzwerke

Es gibt eine Vielzahl unterschiedlicher Klassifizierungen von Netzwerken: nach der Beziehungsart ihrer Akteure, den Zielen, die das Netzwerk verfolgt und der Organisationsform des Netzwerks. Die Art von Netzwerk, die in der oben erwähnten Machbarkeitsstudie als Erfolgsfaktor für nachhaltige Veränderungsprozesse im demografischen Wandel in Aussicht gestellt wird, entspricht der Form eines Expertennetzwerks, in dem betriebliche Experten verschiedener Einrichtungen (auf regionaler oder überregionaler Ebene) zusammenkommen, um über Kooperation Wettbewerbsvorteile für ihre Pflegeeinrichtung zu erzielen.

Das Netzwerk kann hierarchisch organisiert sein, was bedeutet, dass ein von allen Teilnehmern akzeptierter Netzwerkkoordinator die Ausrichtung und Ausgestaltung des Netzwerks übernimmt. Genau so gut kann das Netzwerk jedoch heterarchisch organisiert sein, was bedeutet, dass die Netzwerkkoordination gemeinsam oder durch ein Steuergremium mit wechselnden Akteuren erfolgt. Als Koordinationsmittel fungiert das Vertrauen der einzelnen Akteure untereinander, ohne das kein Netzwerk funktioniert. Die Art der Netzwerkkoordination hat nach Sydow (2003) Einfluss auf die Kompetenzentwicklung der einzelnen Netzwerkakteure. Heterarchischen Netzwerken wird dabei ein größeres Potenzial zur Kompetenzentwicklung zugebilligt als einem hierarchisch geführten Netzwerk.

Netzwerke besitzen einen hohen Innovationswert. Ihnen wird innovatives Potenzial zur Veränderung gesellschaftlicher Strukturen zugesprochen (vgl. Weyer 2000). Sie wirken als eine Art Katalysator, durch den sich Prozesse auf der Handlungsebene der einzelnen Akteure bzw. deren organisationalen Kontext mittelbar in veränderten gesellschaftlichen Strukturen niederschlagen können.

Der Nutzen einer Beteiligung an Netzwerken steht somit außer Frage. Ein Blick in die Praxis zeigt, dass bereits eine Reihe von Netzwerken mit Bezug entweder zum demografischen Wandel oder zur Pflege existiert. Beispielhaft zu nennen wäre da z. B. das Demografie Netzwerk (ddn), das durch das BMAS gefördert wird und indem sich bundesweit über 200 Einrichtungen und Institutionen zusammengefunden haben, um auf inhaltlicher, politischer und Forschungsebene gemeinsam Antworten auf die Herausforderungen des demografischen Wandels zu formulieren. Das Netzwerk „Älter werden in der Pflege“ der BGW ist ein noch junges Netzwerk, das aus dem gleichnamigen Förderprojekt hervorgegangen ist. Pflegeeinrichtungen kommen hier jährlich mit dem Hauptziel des moderierten Erfahrungsaustauschs zusammen, um aktuelle Bedarfe und Trends hinsichtlich der Auswirkungen des demografischen Wandels auf Pflegeeinrichtungen sowie good practice-Beispiele zu diskutieren. Das Netzwerk soll auch über das Projektende hinaus bestehen bleiben. Die Netzwerkstruktur dieses Netzwerks soll sich allerdings verändern. Das bisher hierarchisch organisierte Netzwerk soll sukzessive in ein heterarchisches Netzwerk überführt werden. Dadurch soll die Eigenverantwortung der Pflegeeinrichtungen ebenso gefördert werden wie die Vergrößerung des Netzwerks, sodass die diskutierten Lösungsansätze und Beispiele guter Praxis Zugang zu einer größeren Gruppe von Pflegeeinrichtungen finden als bisher.

4. Ausblick

In diesem Artikel wurden inner- und außerbetriebliche Faktoren für erfolgreiche und nachhaltige Veränderungsprozesse zum demografischen Wandel diskutiert. Die aufgeführten Erfolgsfaktoren können jedoch sicherlich ergänzt werden. Insbesondere die Einbettung von Demografieprojekten in betriebliche Strukturen wie Qualitätsmanagementsysteme, KVP-Gruppen oder Strukturen des betrieblichen Gesundheitsmanagements sowie in Managementsysteme wie das NPM (Nachhaltiges Personalmanagement) oder nachhaltige Arbeitssysteme scheinen angezeigt, um den langfristigen Erfolg zu gewährleisten. Fakt ist aber auch, dass Nachhaltigkeit und langfristige Wirksamkeit demografischer Veränderungsvorhaben als Bestandteil von Evaluationsvorhaben bisher so gut wie gar nicht auftauchen. Hier ist Handlungsbedarf angezeigt, um den Transfer erfolgreicher demografiefester Handlungsstrategien in die Praxis zu fördern.

Weiterhin ist zu prüfen ob und wie Ergebnisse demografiebezogener Veränderungsprozesse anderer Branchen evtl. für die Pflege nutzbar gemacht werden könnten. Der interdisziplinäre Austausch sollte dazu gesucht und gefördert werden. Auch der Vergleich mit den europäischen Nachbarn und die Prüfung der dort entwickelten Handlungsstrategien auf Übertragbarkeit kann die weitere Entwicklung nur befruchten.

Literatur

Blanchard, K./Carlos, J. P./Randolph, A. (1999):
Management durch Empowerment: Das neue Führungskonzept: Mitarbeiter bringen mehr, wenn sie mehr dürfen. 3. Auflage. Hamburg

Brandenburg, U./Domschke, J. P. (2007):
Die Zukunft sieht alt aus. Herausforderungen des demografischen Wandels für das Personalmanagement. Wiesbaden

Bleicher, K. (1994):
Leitbilder. Orientierungsrahmen für integrative Managementphilosophie. 2. Auflage. Stuttgart

Dachler, H. P./Wilpert, B. (1978):
Conceptual dimensions and boundaries of participation in organizations: A critical evaluation. In: Administrative Science Quarterly, Nr. 23, S. 1–39

Hyde, M./Jappinen, P./Theorell, T./Oxenstierna, G. (2006):
Workplace conflict resolution and the health of employees in the Swedish and Finnish Units of an industrial company. In: Social Science and Medicine, Nr. 8, S. 2218–2227

Metz, A.-M./Kunze, D./Hamann, L./Gehltomholt, E./Urbach, T. (2009):
Demografischer Wandel in der Pflege – Konzepte und Modelle für den Erhalt und die Förderung der Arbeits- und Beschäftigungsfähigkeit von Pflegekräften. Berlin

Miller, K. I./Monge, P. R. (1986):
Participation, Satisfaction, and productivity: A metaanalytic review. In: Academy of Management Journal, Nr. 4, S. 727–753

Stansfeld, S./Fuhrer, R./Head, J./Ferrie, J./Shipley, M. (1997):
Work and psychiatric disorder in the Whitehall II Study. In: Journal of Psychosomatic Research, Nr. 1, S. 73–81

Sydow, J./Duschek, St./Möllering, G./Rometsch, M. (2003):
Kompetenzentwicklung in Netzwerken. Eine typologische Studie. Wiesbaden

Wagner, J. A./Leana, C. R./Locke, E. A./Schweiger, D. M. (1997):
Cognitive and motivational frameworks in U.S. research on participation: a meta-analysis of primary effects. In: Journal of Organizational Behavior, Nr. 18, S. 49–65

Weyer, J. (2000):
Soziale Netzwerke. Konzepte und Methoden der sozialwissenschaftlichen Netzwerkforschung. München/Wien

Zimber, A. (2006):
Sind Sozialmanager die schlechteren Führungskräfte – oder führen sie einfach nur anders? Ergebnisse einer Literaturanalyse. Zeitschrift für Sozialmanagement/Journal of Social Management, Nr. 4/1, S. 169–177

Autorenverzeichnis

Prof. Dr. Heiner Dunckel
Universität Flensburg, Internationales Institut für Management, Professur für Arbeits- und Organisationspsychologie

Christina Finnmann
DKV Pflegedienste & Residenzen GmbH, Assistentin der Geschäftsführung

Dr. Thomas Freiling
Forschungsinstitut Betriebliche Bildung (f-bb), stellv. Leiter der Projektgruppe „Weiterbildung“

Brigitte Geldermann
Forschungsinstitut Betriebliche Bildung (f-bb), freie Mitarbeiterin

Mario Gottwald
Forschungsinstitut Betriebliche Bildung (f-bb), Projektleiter im Kompetenzfeld „Bildung und Demografie“

Prof. (em.) Dr. Winfried Hacker
Technische Universität Dresden, Fachbereich Psychologie, Leiter der Arbeitsgruppe „Wissen-Denken-Handeln“

Jolanthe Hecker
miCura Pflegedienste Nürnberg GmbH, Niederlassungs- und Pflegedienstleiterin

Christof Heusel
Paul Wilhelm von Keppler-Stiftung, Leiter der Stabsstelle „Grundsatzfragen, Strategie und Entwicklung“

Renate Hülsmann
Stiftungsklinikum Mittelrhein GmbH, Koordinatorin für Gesundheitsförderung, ABO Psychologie

Kathrin Kromark
Berufsgenossenschaft für Gesundheitsdienst und Wohlfahrtspflege (BGW), Zentrale Präventionsdienste, Freie Mitarbeiterin im Bereich Gesundheits- und Mobilitätsmanagement

Julia Oberlies
Forschungsinstitut Betriebliche Bildung (f-bb), wissenschaftliche Mitarbeiterin

Pamela Ostendorf
Berufsgenossenschaft für Gesundheitsdienst und Wohlfahrtspflege (BGW), Zentrale Präventionsdienste, Referentin im Bereich Gesundheits- und Mobilitätsmanagement

Uwe Peters
DKV Pflegedienste & Residenzen GmbH, Geschäftsführer

Dr. Nicole Stab
Technische Universität Dresden, Fachbereich Psychologie, Arbeitsgruppe „Wissen, Denken, Handeln", wissenschaftliche Mitarbeiterin

Franz Wagner
Berufsverband für Pflegeberufe – Bundesverband e.V., Bundesgeschäftsführer